45

Conceptos económicos indispensables

Una introducción clara y accesible

Indice:

1.

Introducción a la Economía

Entendiendo los conceptos fundamentales

La economía, como disciplina, se ocupa del estudio de cómo las sociedades administran sus recursos escasos para satisfacer las necesidades y deseos humanos. Aunque puede parecer un tema complejo y abstracto, la economía está presente en nuestra vida cotidiana de maneras más tangibles de las que imaginamos.

En esta primera sección de nuestro libro, nos adentraremos en el fascinante mundo de la economía, comenzando desde sus conceptos fundamentales. A lo largo de este capítulo, descubriremos los principios básicos que sustentan la toma de decisiones económicas y cómo se aplican en diversos contextos.

Exploraremos la noción de oferta y demanda, que actúan como los pilares de la economía de mercado. Aprenderemos cómo la interacción entre los compradores y vendedores determina los precios y las cantidades de los bienes y servicios que se intercambian en el mercado. Además, examinaremos la ley de la oferta y la demanda, que establece la relación inversa entre el precio y la cantidad demandada o suministrada de un bien.

Otro concepto clave que abordaremos es el costo de oportunidad, que se refiere al valor de lo que se sacrifica al tomar una decisión. Entender este concepto nos ayudará a evaluar las opciones y considerar los beneficios y costos asociados con cada elección.

A medida que avanzamos en nuestra exploración de la economía, veremos cómo estos conceptos se entrelazan con nuestra vida diaria, desde las decisiones de consumo y ahorro hasta las políticas gubernamentales y los desafíos económicos a nivel global.

En resumen, en este primer capítulo, daremos los primeros pasos hacia la comprensión de la economía, desglosando sus conceptos fundamentales y su importancia en nuestra sociedad. Prepárate para adentrarte en un fascinante viaje en el que descubrirás cómo la economía moldea nuestras vidas y cómo podemos utilizar su comprensión para tomar decisiones más informadas y conscientes. ¡Bienvenido al mundo de la economía!

2.

Oferta y demanda

La base de la economía de mercado

En el vasto y complejo mundo de la economía, la interacción entre la oferta y la demanda desempeña un papel central. Estos dos conceptos fundamentales son los cimientos sobre los cuales se construye la economía de mercado, un sistema en el que los precios y las cantidades de los bienes y servicios se determinan mediante el libre juego de fuerzas entre productores y consumidores.

La demanda, en su esencia, representa la cantidad de un bien o servicio que los consumidores están dispuestos y pueden comprar a diferentes precios en un determinado período de tiempo. Es una manifestación del deseo de poseer un producto o disfrutar de un servicio. La ley de la demanda establece que, en general, a medida que el precio de un bien disminuye, la cantidad demandada tiende a aumentar, y viceversa. Sin embargo, otros factores también influyen en la demanda, como el nivel de ingresos de los consumidores, sus preferencias y gustos, los precios de bienes relacionados y cambios en las expectativas.

Por otro lado, la oferta se refiere a la cantidad de un bien o servicio que los productores están dispuestos y pueden ofrecer al mercado a diferentes precios en un período de tiempo determinado. La ley de la oferta establece que, en general, a medida que el precio de un bien aumenta, la cantidad ofrecida tiende a aumentar, y viceversa. La oferta está influenciada por factores como los costos de producción, la disponibilidad de recursos, la tecnología utilizada en el proceso de producción y las regulaciones gubernamentales.

Cuando la oferta y la demanda se encuentran en un mercado, se produce lo que se conoce como equilibrio de mercado. En este punto, la cantidad demandada por los consumidores es igual a la cantidad ofrecida por los productores, y se establece un precio de equilibrio. Si el precio de mercado está por encima del precio de equilibrio, se produce un exceso de oferta y los vendedores compiten entre sí para reducir los precios y encontrar compradores dispuestos. Por el contrario, si el precio de mercado está por debajo del precio de equilibrio, se genera un exceso de demanda y los compradores compiten entre sí para adquirir el producto, lo que puede llevar a un aumento de los precios.

La comprensión de la interacción entre la oferta y la demanda es esencial para entender cómo funcionan los mercados y cómo se determinan los precios de los bienes y servicios. Estos conceptos no solo son relevantes para los economistas y los actores del mercado, sino que también tienen un impacto directo en la vida cotidiana de las personas. La ley de la oferta y la demanda influye en nuestras decisiones de compra, en cómo se fijan los precios de los bienes y servicios que consumimos y en la asignación eficiente de los recursos de una economía.

A medida que profundizamos en nuestro estudio de la economía, exploraremos casos prácticos y ejemplos reales que ilustrarán la aplicabilidad de la oferta y la demanda en diferentes industrias y situaciones económicas. Comprenderemos cómo los cambios en la oferta y la demanda pueden afectar los precios, cómo se forman los mercados y cómo las fuerzas del mercado pueden equilibrar la oferta y la demanda a largo plazo.

En los próximos capítulos, examinaremos también las elasticidades de la oferta y la demanda, que nos brindan información sobre la sensibilidad de la cantidad demandada o ofrecida ante cambios en los precios o en otros factores. Estos conceptos nos permitirán comprender aún más la dinámica compleja y multifacética de los mercados.

La economía de mercado, basada en la interacción entre la oferta y la demanda, ha demostrado ser un sistema eficiente para la asignación de recursos y la generación de riqueza. Sin embargo, también presenta desafíos y limitaciones que examinaremos a lo largo de este libro. Al comprender mejor los principios de la oferta y la demanda, podremos analizar críticamente los mecanismos del mercado y participar de manera más informada en la economía.

En resumen, la oferta y la demanda son conceptos esenciales en la economía de mercado. Su comprensión nos brinda una visión profunda de cómo funcionan los mercados, cómo se determinan los precios y cómo las fuerzas del mercado interactúan para equilibrar la oferta y la demanda. A medida que nos adentremos en los siguientes capítulos, exploraremos más a fondo estos conceptos y su aplicación en diferentes contextos económicos, ampliando nuestra perspectiva y conocimiento económico.

Continúa tu viaje en el mundo de la economía con el próximo capítulo, donde exploraremos las elasticidades de la oferta y la demanda y su importancia en la toma de decisiones económicas.

3.

Ley de la oferta y la demanda

La relación entre precios y cantidades

La ley de la oferta y la demanda es un principio fundamental en la economía que describe la relación entre los precios y las cantidades demandadas y ofrecidas en un mercado. Es una herramienta crucial para comprender cómo se determinan los precios y cómo se establece el equilibrio entre los compradores y los vendedores.

La demanda de un bien o servicio está determinada por varios factores, siendo el precio uno de los más influyentes. Cuando el precio de un bien disminuye, los consumidores tienden a demandar más de ese bien, ya que se vuelve más asequible y se obtiene mayor valor por su dinero. Por el contrario, cuando el precio aumenta, la demanda suele disminuir, ya que los consumidores buscan alternativas más económicas o reducen su consumo.

Además del precio, otros factores que afectan la demanda incluyen el ingreso de los consumidores, las preferencias personales, las tendencias de la moda, la disponibilidad de bienes sustitutos o complementarios, y las expectativas de futuros cambios en el precio o en la situación económica. Estos factores pueden influir en la cantidad de un bien o servicio que los consumidores están dispuestos y pueden comprar a diferentes niveles de precios.

Por otro lado, la oferta de un bien o servicio también está sujeta a diversos factores. Uno de los principales determinantes es el precio del producto, ya que a medida que los precios aumentan, los productores encuentran más incentivos para ofrecer más de ese bien al mercado, lo que se conoce como la ley de la oferta positiva. Sin embargo, otros factores que afectan la oferta incluyen los costos de producción, los precios de los insumos, la tecnología utilizada en el proceso de producción y las expectativas de los productores sobre la demanda futura.

Cuando se encuentran la oferta y la demanda en un mercado, se establece el equilibrio de mercado. Esto ocurre cuando la cantidad demandada por los consumidores coincide con la cantidad ofrecida por los productores a un precio específico. En este punto, no hay presión para que el precio cambie, ya que tanto los compradores como los vendedores están satisfechos con el intercambio realizado. El precio de equilibrio refleja la valoración conjunta de los compradores y los vendedores en el mercado.

Sin embargo, es importante reconocer que los cambios en la demanda o en la oferta pueden alterar el equilibrio de mercado. Si la demanda aumenta, hay una mayor disposición de los consumidores a comprar a cada precio, lo que puede llevar a un aumento en los precios y una mayor cantidad ofrecida. Por otro lado, si la oferta disminuye, hay menos cantidad ofrecida a cada precio, lo que puede resultar en una escasez en el mercado y una presión al alza sobre los precios.

La comprensión de la ley de la oferta y la demanda es esencial para analizar las fuerzas que determinan los precios y las cantidades en los mercados. Nos permite entender cómo los cambios en los factores económicos y las preferencias de los consumidores influyen en las decisiones de los productores y en la asignación de recursos en la economía. Además, la ley de la oferta y la demanda nos ayuda a predecir y evaluar el impacto de diferentes políticas económicas y eventos en el mercado.

A lo largo de este libro, exploraremos diversas aplicaciones y ejemplos prácticos de la ley de la oferta y la demanda en diferentes sectores económicos. Analizaremos cómo los cambios en los precios, los ingresos, la tecnología y otros factores afectan la oferta y la demanda de bienes y servicios. También examinaremos cómo los mercados pueden funcionar de manera eficiente y cómo pueden surgir desequilibrios en situaciones particulares.

En el siguiente capítulo, nos adentraremos en el concepto de elasticidad de la demanda y la oferta. Esta medida nos permitirá comprender la sensibilidad de la demanda y la oferta ante cambios en los precios y otros factores. Exploraremos diferentes tipos de elasticidad y su importancia para la toma de decisiones económicas.

Prepárate para sumergirte en el fascinante mundo de la ley de la oferta y la demanda y su influencia en la economía. A medida que profundicemos en estos conceptos, adquirirás una comprensión más sólida de cómo interactúan los precios y las cantidades en los mercados y cómo pueden afectar la vida cotidiana de las personas y las decisiones económicas a gran escala.

4.

Elasticidad

La sensibilidad de la demanda y la oferta ante cambios de precio

La elasticidad es un concepto esencial en la economía que nos permite comprender en mayor profundidad cómo responden la demanda y la oferta ante los cambios en los precios de los bienes y servicios. Nos brinda una medida de la sensibilidad de los consumidores y los productores frente a estas variaciones y nos ayuda a entender cómo se ajustan las cantidades demandadas y ofrecidas en consecuencia.

La elasticidad de la demanda se refiere a la capacidad de respuesta de la cantidad demandada ante cambios en el precio. En otras palabras, mide la variación porcentual en la cantidad demandada en relación con la variación porcentual en el precio. Si la elasticidad de la demanda es alta, significa que los consumidores son altamente sensibles a los cambios en el precio y que una pequeña modificación en el precio puede tener un impacto significativo en la cantidad que están dispuestos a comprar. Por otro lado, si la elasticidad de la demanda es baja, indica que los consumidores son menos sensibles a las variaciones de precio y que estos cambios tienen un efecto limitado en la cantidad demandada.

Existen diferentes factores que influyen en la elasticidad de la demanda. Algunos de ellos incluyen la disponibilidad de bienes sustitutos, la necesidad o la naturaleza de los bienes, el nivel de ingresos de los consumidores y el tiempo disponible para adaptarse a los cambios en el precio. Por ejemplo, los bienes considerados como necesidades básicas, como los alimentos y los medicamentos, tienden a tener una demanda inelástica, ya que los consumidores están dispuestos a pagar un precio más alto por ellos debido a su importancia y necesidad. Por otro lado, los bienes considerados como lujos, como los automóviles de lujo o las vacaciones de lujo, suelen tener una demanda más elástica, ya que los consumidores pueden reducir su consumo o buscar alternativas más económicas si los precios suben.

La elasticidad de la oferta, por su parte, se refiere a la capacidad de respuesta de la cantidad ofrecida ante cambios en el precio. Al igual que con la elasticidad de la demanda, se mide la variación porcentual en la cantidad ofrecida en relación con la variación porcentual en el precio. Si la elasticidad de la oferta es alta, significa que los productores pueden ajustar rápidamente su producción en respuesta a cambios en el precio, lo que resulta en una variación significativa en la cantidad ofrecida. Si la elasticidad de la oferta es baja, los productores tienen dificultades para ajustar rápidamente su producción, lo que limita la variación en la cantidad ofrecida en respuesta a cambios en el precio.

Al igual que con la elasticidad de la demanda, existen diversos factores que influyen en la elasticidad de la oferta. Estos incluyen la disponibilidad de insumos, los costos de producción, la capacidad de almacenamiento y la tecnología utilizada en el proceso de producción. Por ejemplo, en industrias donde los insumos son escasos o costosos, la elasticidad de la oferta puede ser baja, ya que los productores no pueden aumentar rápidamente la producción en respuesta a cambios en el precio.

La elasticidad es un concepto crucial ya que nos permite comprender cómo los cambios en los precios afectan el comportamiento de los consumidores y los productores, y

cómo se ajustan las cantidades demandadas y ofrecidas en los mercados. También nos ayuda a predecir los efectos de las políticas económicas y otras fuerzas que pueden influir en la oferta y la demanda. Además, la elasticidad nos proporciona información valiosa sobre la eficiencia y el funcionamiento de los mercados, así como sobre la asignación de recursos en la economía.

A lo largo de este libro, exploraremos diferentes tipos de elasticidad, como la elasticidad-precio de la demanda, la elasticidad-ingreso de la demanda y la elasticidad-cruzada de la demanda. A través de ejemplos prácticos y casos de estudio, profundizaremos en cada tipo de elasticidad para comprender mejor su aplicación y su relevancia en el análisis económico.

En el siguiente capítulo, nos sumergiremos en la elasticidad-precio de la demanda, que es el tipo más común de elasticidad y proporciona una visión detallada de cómo los consumidores responden a los cambios en los precios. Aprenderemos cómo calcular la elasticidad-precio de la demanda y cómo interpretar sus resultados. Además, exploraremos ejemplos concretos para ilustrar cómo la elasticidad de la demanda afecta las decisiones de precios de las empresas y cómo influye en la dinámica de los mercados.

Prepárate para adentrarte en el fascinante mundo de la elasticidad y descubrir cómo este concepto clave en economía nos ayuda a comprender mejor el comportamiento de los consumidores y los productores, y cómo influye en la configuración de los mercados y la toma de decisiones económicas.

5.

Costo de oportunidad

El valor de lo que se sacrifica al tomar una decisión

En el ámbito de la economía, el concepto de costo de oportunidad desempeña un papel fundamental en la toma de decisiones. El costo de oportunidad se refiere al valor de lo que se sacrifica al elegir una opción en lugar de otra. En otras palabras, representa los beneficios o las oportunidades perdidas al tomar una decisión específica.

Para comprender el costo de oportunidad, es necesario reconocer que los recursos son limitados y que, al utilizarlos en una actividad particular, se renuncia a la posibilidad de utilizarlos en otra actividad alternativa. Esta idea se basa en el principio de que siempre existe una mejor opción alternativa a considerar.

El costo de oportunidad puede ser tangible o intangible. En el caso de un costo de oportunidad tangible, implica una elección entre dos opciones con beneficios medibles en términos monetarios. Por ejemplo, si decides gastar tu dinero en un viaje de vacaciones, el costo de oportunidad sería el valor de las cosas que podrías haber comprado con ese dinero, como un nuevo electrodoméstico o ahorrar para el futuro.

Por otro lado, el costo de oportunidad intangible se relaciona con las oportunidades perdidas que no se pueden cuantificar fácilmente en términos monetarios. Por ejemplo, si decides estudiar para un examen en lugar de salir con amigos, el costo de oportunidad sería el tiempo y la experiencia social que estás sacrificando.

El costo de oportunidad se presenta en todas las áreas de nuestras vidas, ya sea en nuestras decisiones personales, educativas o profesionales. Por ejemplo, al elegir una carrera, debemos considerar el costo de oportunidad de la formación y las oportunidades profesionales que se podrían haber tenido en otra área. Del mismo modo, al decidir trabajar horas extras, debemos evaluar el costo de oportunidad del tiempo libre que estamos perdiendo.

Comprender el costo de oportunidad nos permite tomar decisiones más informadas y eficientes. Nos obliga a considerar las alternativas y a evaluar los beneficios y los sacrificios asociados con cada opción. Al tener en cuenta el costo de oportunidad, podemos maximizar el valor de nuestras decisiones y buscar oportunidades que nos brinden los mayores beneficios.

En este libro, exploraremos en profundidad el concepto del costo de oportunidad en diferentes contextos económicos. Analizaremos cómo considerar el costo de oportunidad en la planificación financiera, en la inversión de recursos, en la toma de decisiones empresariales y en la evaluación de proyectos. Además, examinaremos cómo el tiempo, la incertidumbre y otros factores influyen en el costo de oportunidad y cómo podemos tomar decisiones estratégicas que minimicen las pérdidas y maximicen los beneficios.

Prepárate para sumergirte en el fascinante mundo del costo de oportunidad y descubrir cómo este concepto económico esencial nos ayuda a tomar decisiones más informadas y a evaluar los verdaderos beneficios y sacrificios que conllevan nuestras elecciones.

6.

Competencia perfecta

Un mercado con muchos compradores y vendedores, sin poder de mercado

La competencia perfecta es un concepto fundamental en la teoría económica que describe un tipo de mercado idealizado en el que existe un gran número de compradores y vendedores, todos ellos pequeños en relación al tamaño del mercado, y ninguno de ellos tiene la capacidad de influir en el precio de mercado. Este modelo se utiliza como una herramienta de análisis para comprender cómo se comportan los mercados en ausencia de poder de mercado y cómo se determinan los precios y las cantidades intercambiadas.

En un mercado de competencia perfecta, todas las empresas ofrecen productos homogéneos, lo que significa que los bienes o servicios son idénticos en términos de calidad, características y prestaciones. Esto implica que los consumidores no tienen preferencias particulares por un vendedor en particular, ya que todos ofrecen lo mismo. Además, tanto los compradores como los vendedores tienen acceso a información perfecta y completa sobre precios, cantidades y condiciones del mercado.

La competencia perfecta se caracteriza por la libre entrada y salida de empresas al mercado. Esto significa que no hay barreras significativas que impidan a nuevos competidores ingresar al mercado o que dificulten a las empresas existentes abandonarlo. La ausencia de restricciones en la entrada y salida permite que los mercados de competencia perfecta sean dinámicos y propensos a ajustarse rápidamente a cambios en la oferta y la demanda.

En un mercado de competencia perfecta, el precio de mercado se determina mediante la interacción de la oferta y la demanda. Los compradores están dispuestos a adquirir más unidades de un bien a precios más bajos, mientras que los vendedores están dispuestos a ofrecer más unidades a precios más altos. El punto de equilibrio se alcanza cuando la cantidad demandada es igual a la cantidad ofrecida, y el precio se establece en el nivel en el que la oferta y la demanda se igualan.

El modelo de competencia perfecta es utilizado como una referencia para analizar el funcionamiento de los mercados y evaluar el impacto de las intervenciones gubernamentales, como impuestos o regulaciones, en la eficiencia económica. Si bien es un modelo simplificado que no refleja completamente la realidad de muchos mercados, nos brinda una base sólida para comprender los principios básicos de la competencia y sus implicaciones económicas.

En este libro, exploraremos con mayor detalle los fundamentos de la competencia perfecta y su relevancia en la economía. Analizaremos cómo se determinan los precios y las cantidades en este tipo de mercado y cómo la competencia afecta a los consumidores, los productores y la asignación de recursos. También examinaremos las desviaciones de la competencia perfecta, como los mercados monopolísticos o oligopolísticos, y discutiremos las implicaciones de estas situaciones en términos de eficiencia y bienestar económico.

Prepárate para sumergirte en el fascinante mundo de la competencia perfecta y descubrir cómo este modelo económico nos ayuda a comprender el funcionamiento de los mercados y las fuerzas que determinan los precios y las decisiones de compra y venta. A través de ejemplos concretos y casos de estudio, exploraremos las aplicaciones prácticas de la competencia perfecta y su importancia en la economía moderna.

7.

Monopolio

Un solo proveedor controla el mercado

El monopolio es una forma extrema de estructura de mercado en la que un único proveedor tiene el control total sobre la oferta de un bien o servicio en un determinado sector. En esta situación, el monopolista no enfrenta competencia directa, lo que le otorga un poder considerable para influir en el precio, la cantidad producida y las condiciones del mercado.

El poder de mercado del monopolio se deriva de las barreras que impiden o dificultan la entrada de nuevos competidores al mercado. Estas barreras pueden surgir por diversas razones, como derechos de propiedad intelectual, costos de inversión prohibitivos, control exclusivo de recursos clave, economías de escala o regulaciones gubernamentales que restringen la competencia.

Una característica distintiva del monopolio es su capacidad para fijar el precio de mercado. Dado que no hay competidores directos, el monopolista tiene la libertad de establecer precios más altos que maximicen sus beneficios. Esto contrasta con la competencia perfecta, donde el precio se determina por la interacción de la oferta y la demanda.

El monopolio puede tener consecuencias significativas para los consumidores y la economía en general. En primer lugar, los precios más altos y la falta de opciones pueden resultar en una distribución desigual de la riqueza, ya que los consumidores deben pagar más por los productos. Además, la reducción de la competencia puede llevar a una disminución de la calidad y la innovación, ya que el monopolista no enfrenta presiones competitivas para mejorar o desarrollar nuevos productos.

Sin embargo, no todos los monopolios son necesariamente perjudiciales. Algunos pueden surgir debido a ventajas legítimas y eficiencias económicas, como la innovación tecnológica o el dominio de un recurso escaso. Además, algunos monopolios naturales pueden surgir en industrias con altos costos fijos donde es más eficiente tener un único proveedor.

En la mayoría de las economías, se implementan políticas antimonopolio para controlar los efectos negativos del monopolio. Estas políticas buscan promover la competencia y proteger los intereses de los consumidores. Las acciones antimonopolio pueden incluir la regulación de precios, la división de empresas dominantes, la promoción de la entrada de nuevos competidores o la promulgación de leyes que fomenten la competencia justa.

En este libro, exploraremos en detalle el fenómeno del monopolio y su impacto en la economía. Analizaremos los diferentes tipos de monopolio, como los monopolios naturales, los monopolios legales y los monopolios tecnológicos, y examinaremos las estrategias utilizadas por los monopolistas para mantener su dominio en el mercado. También discutiremos las políticas y regulaciones antimonopolio y su importancia para garantizar mercados más competitivos y eficientes.

Prepárate para sumergirte en el fascinante mundo del monopolio y comprender cómo esta forma de estructura de mercado influye en los precios, la competencia y el bienestar económico. A través de ejemplos detallados y casos prácticos, exploraremos las complejidades de los monopolios y las estrategias que se pueden emplear para promover la competencia y proteger los derechos de los consumidores en un entorno económico equilibrado.

8.

Oligopolio

Un pequeño grupo de empresas domina el mercado

El oligopolio es una de las estructuras de mercado más complejas y fascinantes que existen. En este tipo de mercado, un reducido número de empresas tiene un control significativo sobre la oferta de un bien o servicio en un sector específico. Aunque existen competidores en el mercado, la presencia de unas pocas empresas dominantes crea un entorno altamente estratégico y competitivo.

En un oligopolio, las decisiones tomadas por una empresa tienen un impacto directo en las demás empresas del sector. Esto se debe a que las acciones de una empresa influyen en las condiciones de mercado, lo que lleva a una interdependencia estratégica entre los competidores. Cualquier cambio en el precio, la producción, la publicidad o las estrategias de una empresa puede provocar respuestas y ajustes por parte de las demás, lo que a su vez afecta las decisiones de la empresa inicial.

La naturaleza del oligopolio hace que las empresas estén constantemente involucradas en un juego de estrategia. Tienen que considerar cuidadosamente cómo sus decisiones afectarán a sus competidores y cómo pueden anticiparse a las acciones de estos últimos. Esto implica evaluar los posibles escenarios, evaluar las reacciones de los competidores y tomar decisiones informadas que maximicen sus propios beneficios.

Dentro del oligopolio, una estrategia común utilizada por las empresas es la diferenciación de productos. Buscan destacarse en el mercado ofreciendo productos o servicios únicos, ya sea a través de características distintivas, calidad superior, servicios adicionales o una fuerte identidad de marca. Al hacerlo, buscan construir lealtad y preferencia por parte de los consumidores, lo que les permite mantener una cuota de mercado estable e incluso ejercer cierto poder de fijación de precios.

Además de la diferenciación de productos, las empresas en un oligopolio también pueden optar por competir en base a precios, buscar acuerdos de colaboración o incluso formar cárteles. Un cartel es un acuerdo entre las empresas competidoras para coordinar sus acciones, fijar precios y limitar la competencia. Aunque los cárteles están prohibidos en la mayoría de las jurisdicciones debido a sus efectos perjudiciales para los consumidores y la competencia, siguen existiendo casos en los que las empresas intentan cooperar de manera encubierta.

El oligopolio presenta tanto desafíos como beneficios. Por un lado, puede generar eficiencias y avances tecnológicos a medida que las empresas compiten por la preferencia de los consumidores. Por otro lado, también puede limitar la competencia, restringir la innovación y llevar a un poder de mercado excesivo en manos de unas pocas empresas. Por lo tanto, es fundamental encontrar un equilibrio entre fomentar la competencia y proteger los derechos de los consumidores.

En este libro, exploraremos en profundidad el concepto de oligopolio y su impacto en la economía. Analizaremos las diferentes formas en que las empresas pueden competir en un oligopolio, desde la diferenciación de productos hasta la colaboración y la formación de cárteles. También examinaremos las políticas y regulaciones que se implementan para garantizar una competencia justa y promover la innovación en este tipo de mercado.

Prepárate para sumergirte en el apasionante mundo del oligopolio, donde las estrategias empresariales y las dinámicas competitivas se entrelazan en un juego estratégico constante. A través de ejemplos reales, estudios de casos y análisis profundos, aprenderás a comprender y navegar por este complejo entorno de mercado, brindándote una visión invaluable de cómo las empresas compiten y prosperan en el oligopolio.

9.

Externalidades

Efectos no deseados o no compensados de las actividades económicas

Las externalidades son fenómenos intrínsecos a la actividad económica que pueden tener repercusiones más allá de los participantes directos en una transacción. Estos efectos secundarios, ya sean positivos o negativos, se generan cuando la producción o el consumo de un bien o servicio afecta a terceros que no están directamente involucrados en la transacción. Es decir, las externalidades son costos o beneficios externos que no se tienen en cuenta en el proceso de toma de decisiones de los agentes económicos.

Las externalidades pueden surgir en diferentes formas y magnitudes. Algunos ejemplos comunes de externalidades negativas incluyen la contaminación del aire o del agua causada por la actividad industrial, el ruido generado por el tráfico en áreas urbanas o los efectos negativos para la salud causados por el consumo excesivo de tabaco. Estos costos externos pueden recaer sobre la sociedad en su conjunto, sin que las empresas o los individuos que los generan asuman la responsabilidad completa de los mismos.

Por otro lado, las externalidades positivas se producen cuando una actividad económica genera beneficios para terceros que no están directamente involucrados en la transacción. Por ejemplo, la inversión en investigación y desarrollo puede conducir a avances tecnológicos que benefician a toda la sociedad, incluso a aquellos que no participaron en la investigación inicial. Del mismo modo, la educación de calidad puede generar externalidades positivas al elevar el nivel de capital humano de una comunidad y aumentar su productividad económica.

La existencia de externalidades plantea desafíos significativos para el funcionamiento eficiente de los mercados. En presencia de externalidades, los precios de mercado no reflejan adecuadamente los costos y beneficios totales de una transacción. Esto puede conducir a una asignación ineficiente de recursos, ya que los agentes económicos no tienen en cuenta los impactos externos al tomar sus decisiones.

Para abordar las externalidades, es necesario recurrir a intervenciones de política económica. Entre las opciones disponibles se encuentran los impuestos y subsidios ambientales, que internalizan los costos o beneficios externos al modificar los precios relativos; la regulación, que establece normas y estándares para controlar los efectos negativos de ciertas actividades; y los sistemas de permisos de emisión, que otorgan derechos negociables para contaminar y permiten una asignación eficiente de los recursos.

En este libro, nos adentraremos en el fascinante mundo de las externalidades económicas y exploraremos su impacto en la sociedad y en la toma de decisiones de los agentes económicos. Analizaremos en profundidad los diferentes tipos de externalidades, sus causas y consecuencias, y los mecanismos disponibles para abordarlas. Además, examinaremos casos de estudio reales que ilustran la presencia de externalidades en diversos sectores y las estrategias implementadas para mitigar sus efectos.

Prepárate para sumergirte en el complejo y dinámico mundo de las externalidades económicas, donde descubrirás cómo estas influencias indirectas pueden moldear nuestra economía y nuestras decisiones. A través de un enfoque riguroso, ejemplos prácticos y análisis detallados,

te invitamos a reflexionar sobre las implicaciones de las externalidades y a considerar las mejores estrategias para abordar estos efectos no deseados o no compensados en la actividad económica.

10.

Producto Interno Bruto (PIB)

La medida del valor de todos los bienes y servicios producidos en un país

El Producto Interno Bruto, comúnmente conocido como PIB, es una de las herramientas más utilizadas para evaluar el desempeño económico de una nación. Representa la suma de todos los bienes y servicios finales producidos dentro de las fronteras de un país durante un período determinado, generalmente un año. El PIB es una medida integral que abarca una amplia gama de actividades económicas y refleja el nivel de producción y actividad económica de una nación.

El cálculo del PIB se basa en el valor monetario de los bienes y servicios producidos. Para obtener una imagen precisa de la actividad económica, se consideran tanto los bienes tangibles, como los automóviles, alimentos y maquinaria, como los servicios intangibles, como el transporte, la atención médica, la educación y el turismo. Incluso se incluyen las actividades informales, como el comercio en mercados no regulados.

El PIB se calcula mediante dos enfoques principales: el enfoque de producción y el enfoque de gasto. El enfoque de producción mide el valor agregado en cada etapa del proceso de producción, desde la producción de materias primas hasta el producto final. Por otro lado, el enfoque de gasto calcula el gasto total realizado por los consumidores, el gobierno, las empresas y las exportaciones netas.

El PIB no solo es una medida del nivel de producción de una economía, sino que también se utiliza como un indicador del crecimiento económico. El crecimiento del PIB se refiere al aumento porcentual del valor del PIB en un período de tiempo determinado. Es una medida clave para evaluar el rendimiento económico de un país, ya que un mayor crecimiento del PIB generalmente indica una mayor actividad económica y un aumento en el nivel de vida de la población.

Sin embargo, es importante tener en cuenta que el PIB no es una medida perfecta del bienestar económico y social. No tiene en cuenta aspectos como la distribución del ingreso, la calidad de vida, la sostenibilidad ambiental ni el valor de actividades no monetarias, como el trabajo doméstico o el cuidado de los niños. Además, el PIB puede verse afectado por factores como la inflación y la volatilidad de los precios, lo que puede distorsionar su interpretación.

A pesar de estas limitaciones, el PIB sigue siendo una herramienta valiosa para los economistas, los responsables de la formulación de políticas y los analistas económicos. Proporciona una medida cuantitativa de la actividad económica, permite comparaciones entre países y a lo largo del tiempo, y sirve como base para el diseño de políticas económicas y la toma de decisiones.

En este libro, exploraremos en detalle el concepto del PIB y su importancia en el estudio de la economía. Analizaremos los diferentes enfoques de cálculo, los componentes del PIB, su relación con el crecimiento económico y las limitaciones asociadas. También examinaremos el uso del PIB en la formulación de políticas económicas, su relevancia en el contexto global y las críticas que se le han planteado.

Prepárate para adentrarte en el fascinante mundo del Producto Interno

Bruto y descubrir cómo esta medida fundamental proporciona una visión de la actividad económica de una nación. A través de ejemplos concretos, estudios de casos y análisis en profundidad, te invitamos a comprender y apreciar el papel del PIB en el estudio de la economía y su impacto en la sociedad.

11.

Inflación

El aumento sostenido y generalizado de los precios

La inflación es un fenómeno económico que se caracteriza por el aumento sostenido y generalizado de los precios de bienes y servicios en una economía a lo largo del tiempo. Es una medida del deterioro del valor del dinero y afecta tanto a los consumidores como a las empresas y al gobierno.

La inflación puede ser causada por diversos factores, pero en general se debe a un desequilibrio entre la oferta y la demanda de bienes y servicios en una economía. Cuando la demanda de productos supera la capacidad de producción, los precios tienden a subir. Además, factores como los costos de producción, los impuestos, los cambios en la política monetaria o la disponibilidad de crédito también pueden influir en el nivel general de precios.

La inflación tiene impactos significativos en la economía y en la vida cotidiana de las personas. Uno de los efectos más evidentes es la pérdida del poder adquisitivo del dinero, ya que con la misma cantidad de dinero se pueden adquirir menos bienes y servicios. Esto afecta tanto a los consumidores, que deben destinar más recursos para satisfacer sus necesidades, como a las empresas, que ven aumentar sus costos de producción.

La inflación también puede tener efectos negativos en la distribución de ingresos, ya que no todos los agentes económicos están igualmente capacitados para adaptarse a los cambios de precios. Los trabajadores con salarios fijos pueden experimentar una disminución en su nivel de vida, mientras que aquellos con ingresos indexados o que poseen activos que se valorizan en tiempos de inflación pueden verse beneficiados.

Para medir la inflación, se utilizan diversos indicadores, como el Índice de Precios al Consumidor (IPC), que registra los cambios en el precio de una canasta de bienes y servicios representativa del consumo promedio de los hogares. Otro indicador utilizado es el Índice de Precios al Productor (IPP), que mide los cambios en los precios de los bienes y servicios en las etapas iniciales de la cadena de producción.

El control de la inflación es un desafío para los responsables de la política económica. Un nivel moderado de inflación puede ser deseable, ya que puede fomentar el consumo y la inversión, pero una inflación descontrolada puede generar incertidumbre económica, reducir la confianza de los agentes económicos y afectar negativamente el crecimiento económico. Para controlar la inflación, los gobiernos y los bancos centrales implementan políticas monetarias y fiscales, como la regulación de la oferta monetaria, el ajuste de tasas de interés o la implementación de políticas fiscales restrictivas.

En este libro, exploraremos en detalle el concepto de inflación, sus causas y consecuencias, y los mecanismos utilizados para medirla y controlarla. Analizaremos los diferentes tipos de inflación, como la inflación de demanda y la inflación de costos, y estudiaremos los efectos de la inflación en la economía y en la vida de las personas. Además, examinaremos estrategias y políticas utilizadas en diferentes países para mantener la inflación bajo control.

Prepárate para sumergirte en el complejo mundo de la inflación y descubrir

cómo este fenómeno económico influye en nuestra vida diaria y en las decisiones que tomamos como consumidores y agentes económicos. A través de explicaciones claras, ejemplos prácticos y análisis en profundidad, te invitamos a comprender y apreciar la importancia de la inflación en el estudio de la economía y su impacto en la estabilidad económica y social.

12.

Desempleo

La falta de trabajo remunerado para aquellos que buscan empleo

El desempleo es un fenómeno económico que se refiere a la situación en la que las personas que están en edad de trabajar y desean obtener un empleo remunerado no pueden encontrar uno. Es un indicador clave de la salud y el funcionamiento del mercado laboral de una economía.

El desempleo puede ser causado por diversos factores, como cambios en la demanda de bienes y servicios, avances tecnológicos, fluctuaciones económicas, desequilibrios entre la oferta y la demanda de trabajadores, políticas gubernamentales o crisis económicas. Cuando la economía está en recesión o experimenta una disminución en la demanda de bienes y servicios, las empresas pueden reducir su fuerza laboral o tener dificultades para contratar nuevos empleados, lo que resulta en un aumento del desempleo.

El desempleo tiene consecuencias negativas tanto a nivel individual como a nivel social y económico. A nivel individual, el desempleo puede afectar el bienestar emocional y psicológico de las personas, así como su nivel de vida y su capacidad para satisfacer sus necesidades básicas. Además, la falta de empleo puede generar inseguridad financiera, disminuir la autoestima y dificultar la inserción laboral en el futuro.

A nivel social y económico, el desempleo puede tener efectos perjudiciales. Puede contribuir a la desigualdad económica y social, ya que aquellos que están desempleados pueden experimentar dificultades financieras y una menor calidad de vida en comparación con aquellos que tienen empleo. Además, el desempleo puede afectar la cohesión social, aumentar la pobreza y generar tensiones sociales.

Existen diferentes medidas y métricas utilizadas para medir y evaluar el desempleo en una economía. La tasa de desempleo es uno de los indicadores más utilizados y se define como el porcentaje de la población económicamente activa que está desempleada y busca activamente empleo. Además, se pueden analizar otros factores, como la duración del desempleo, la tasa de participación laboral y la tasa de subempleo.

Para abordar el desempleo, los gobiernos y las organizaciones implementan políticas y programas destinados a promover la generación de empleo, mejorar las habilidades y la capacitación de los trabajadores, fomentar el emprendimiento y estimular la inversión. Estas medidas pueden incluir la creación de incentivos para la contratación, la implementación de políticas de estímulo económico, la promoción de la educación y la formación laboral, así como la facilitación del acceso al crédito para emprendedores y pequeñas empresas.

En este libro, exploraremos en profundidad el concepto de desempleo, sus causas y consecuencias, así como las medidas y políticas utilizadas para abordar este desafío. Analizaremos los diferentes tipos de desempleo, como el desempleo estructural y el desempleo cíclico, y estudiaremos cómo el desempleo afecta a las personas, las comunidades y la economía en su conjunto. También examinaremos estrategias exitosas implementadas en diferentes países para reducir el desempleo y promover la inclusión laboral.

Prepárate para adentrarte en el complejo tema del desempleo y comprender cómo este fenómeno impacta nuestras vidas y la dinámica económica de una sociedad. A través de explicaciones claras, análisis detallados y ejemplos reales, te invitamos a explorar este aspecto fundamental del mercado laboral y a reflexionar sobre las posibles soluciones y políticas que pueden ayudar a reducir el desempleo y fomentar la prosperidad económica.

13.

Política monetaria

Control de la oferta de dinero y las tasas de interés por parte del banco central

La política monetaria es una herramienta crucial en el ámbito económico que permite a los bancos centrales regular la oferta de dinero y las tasas de interés con el fin de mantener la estabilidad económica y financiera. El objetivo principal de la política monetaria es controlar la inflación y promover el crecimiento económico sostenible.

El banco central, como entidad encargada de la política monetaria, despliega diversas estrategias y herramientas para influir en la economía. Una de las formas más comunes de llevar a cabo esta tarea es mediante el ajuste de las tasas de interés de referencia. Cuando el banco central considera necesario estimular la economía, puede reducir las tasas de interés, lo que fomenta el gasto y la inversión. Por otro lado, si existe el riesgo de una inflación descontrolada, el banco central puede optar por aumentar las tasas de interés para desacelerar el gasto y mantener la estabilidad de precios.

Además de las tasas de interés, los bancos centrales pueden emplear otras medidas para influir en la oferta de dinero. Una de ellas es la compra o venta de bonos y otros instrumentos financieros en el mercado abierto. Al aumentar o reducir la oferta monetaria, el banco central puede afectar la liquidez y el costo del crédito en la economía, lo que a su vez influye en la toma de decisiones de inversión y consumo de individuos y empresas.

Otro instrumento utilizado en la política monetaria es el requerimiento de reserva bancaria. Consiste en establecer el porcentaje de los depósitos que los bancos deben mantener como reservas líquidas. Al aumentar o disminuir estos requisitos, el banco central puede afectar la cantidad de dinero que los bancos pueden prestar, lo cual tiene un impacto en la oferta de crédito y la actividad económica en general.

Es importante destacar que la política monetaria no se limita solo a controlar la inflación y promover el crecimiento económico, sino que también tiene en cuenta otros objetivos, como la estabilidad financiera y la sostenibilidad ambiental. Los bancos centrales también están atentos a los indicadores macroeconómicos, como el empleo, la producción industrial y el comercio internacional, para tomar decisiones informadas sobre la política monetaria.

La implementación efectiva de la política monetaria requiere un análisis exhaustivo de la economía, teniendo en cuenta factores internos y externos. Los bancos centrales deben evaluar constantemente los datos económicos y financieros, monitorear los riesgos y las tendencias, y ajustar sus políticas en consecuencia.

En este libro, nos sumergiremos en el apasionante mundo de la política monetaria y exploraremos su importancia en la estabilidad económica. Analizaremos en detalle las herramientas utilizadas por los bancos centrales, desde el ajuste de tasas de interés hasta las operaciones de mercado abierto y los requerimientos de reserva bancaria. También examinaremos los desafíos y dilemas que enfrentan los bancos centrales al implementar la política monetaria, y exploraremos las diferentes estrategias y enfoques adoptados por diversas economías en todo el mundo.

Prepárate para descubrir cómo la política monetaria moldea la economía, afecta nuestras vidas y contribuye al bienestar económico y social de las naciones. A lo largo de este libro, te invitamos a explorar los entresijos de la política monetaria y a comprender su impacto en el sistema financiero, las decisiones de consumo, la inversión y el crecimiento económico en general.

14.

Política fiscal

El uso del gasto público y los impuestos para influir en la economía

La política fiscal desempeña un papel fundamental en la gestión económica de un país. Se refiere al conjunto de decisiones y acciones tomadas por el gobierno en relación con el gasto público y los impuestos, con el objetivo de influir en la economía y lograr determinados resultados económicos y sociales.

El gasto público es uno de los pilares de la política fiscal. A través del gasto público, el gobierno invierte en áreas como infraestructura, educación, salud, investigación y desarrollo, seguridad y bienestar social. El gasto público no solo busca satisfacer las necesidades de la sociedad, sino también estimular la actividad económica y generar empleo. Al aumentar el gasto público en momentos de desaceleración económica, el gobierno puede impulsar la demanda agregada y promover el crecimiento económico.

Por otro lado, los impuestos son una herramienta esencial de la política fiscal. A través de los impuestos, el gobierno recauda ingresos para financiar el gasto público y redistribuir la riqueza. Los impuestos pueden incidir en los ingresos, el consumo, las ganancias de capital, las propiedades y otras transacciones económicas. La estructura y el diseño de los impuestos son cruciales, ya que pueden afectar la eficiencia económica, la equidad y la capacidad de recaudación del gobierno.

La política fiscal puede ser expansiva o contractiva, dependiendo de las condiciones económicas y los objetivos perseguidos. En momentos de recesión o desempleo elevado, el gobierno puede implementar políticas fiscales expansivas, aumentando el gasto público y reduciendo impuestos para estimular la demanda y fomentar la inversión. Estas medidas pueden impulsar la actividad económica, generar empleo y aumentar el bienestar de la sociedad. Por el contrario, en momentos de alta inflación o desequilibrios económicos, se pueden aplicar políticas fiscales contractivas, reduciendo el gasto público y aumentando los impuestos para controlar la demanda y frenar la inflación.

La política fiscal también tiene un impacto a largo plazo en la sostenibilidad de la deuda pública. Los gobiernos deben equilibrar el gasto público con los ingresos fiscales para evitar un aumento descontrolado de la deuda y garantizar la estabilidad financiera a largo plazo. La gestión prudente de la política fiscal implica tomar decisiones informadas sobre la asignación de recursos, la eficiencia del gasto público y la capacidad de recaudación de impuestos.

En este libro, exploraremos en detalle la política fiscal y sus diversas dimensiones. Analizaremos los principios teóricos y conceptuales que fundamentan la política fiscal, así como los diferentes enfoques y estrategias utilizados por los gobiernos en todo el mundo. También examinaremos los efectos de la política fiscal en áreas como el crecimiento económico, la distribución del ingreso, la estabilidad macroeconómica y la inversión.

Además, abordaremos los desafíos y dilemas que enfrentan los responsables de la formulación de políticas fiscales, como la necesidad de equilibrar las prioridades de gasto, la eficiencia tributaria y la equidad social. También exploraremos las interacciones entre la política fiscal y otros aspectos de la economía, como la política monetaria, el comercio internacional y el desarrollo sostenible.

Prepárate para sumergirte en el fascinante mundo de la política fiscal y descubrir cómo las decisiones gubernamentales en materia de gasto público y tributación pueden influir en la economía, dar forma a la sociedad y afectar la vida de las personas en todos los ámbitos.

15.

Deflación

La disminución generalizada de los precios

La deflación es un fenómeno económico complejo que se caracteriza por una caída sostenida y generalizada de los precios en una economía. A diferencia de la inflación, que implica un aumento continuo de los precios, la deflación puede tener implicaciones significativas en la economía y en la vida de las personas.

La deflación puede ser causada por diversos factores. Entre ellos se encuentran la disminución de la demanda agregada, el exceso de capacidad productiva, la reducción de los costos de producción, la deflación importada a través de la competencia internacional y la contracción del suministro monetario. Estas causas pueden interactuar entre sí y generar un ambiente deflacionario que afecta a diferentes sectores de la economía.

Cuando los precios disminuyen de manera generalizada, los consumidores pueden optar por retrasar sus compras, ya que esperan que los precios continúen bajando en el futuro. Esto puede llevar a una disminución en la demanda de bienes y servicios, lo que a su vez impacta negativamente en las empresas. Las empresas pueden enfrentar dificultades para mantener sus niveles de producción y ventas, lo que puede llevar a una reducción de la inversión, el empleo y los ingresos.

La deflación también puede generar presiones deflacionarias adicionales. Por ejemplo, cuando los precios caen, los deudores pueden enfrentar dificultades para pagar sus deudas, ya que el valor real de las mismas aumenta. Esto puede llevar a un deterioro de la calidad crediticia, problemas financieros y una menor disponibilidad de crédito en la economía. Asimismo, la deflación puede generar expectativas negativas, lo que lleva a una espiral descendente en la que los agentes económicos reducen aún más sus gastos y decisiones de inversión.

La deflación es vista como un riesgo para la estabilidad económica, ya que puede dificultar la recuperación económica, aumentar la carga de la deuda y generar incertidumbre en los mercados financieros. Los gobiernos y los bancos centrales suelen utilizar políticas monetarias y fiscales para contrarrestar la deflación. Estas políticas pueden incluir reducciones de tasas de interés, inyecciones de liquidez en la economía, estímulos fiscales y medidas de política industrial para fomentar la inversión y el consumo.

En este libro, exploraremos en profundidad el fenómeno de la deflación y su impacto en la economía. Analizaremos las causas subyacentes, los efectos macroeconómicos y las políticas utilizadas para hacer frente a la deflación. También examinaremos estudios de casos históricos y contemporáneos de países que han experimentado episodios de deflación, para comprender mejor los desafíos y las lecciones aprendidas.

La comprensión de la deflación es fundamental para los responsables de la formulación de políticas económicas, los inversores, los consumidores y cualquier persona interesada en los aspectos económicos de la vida cotidiana. A través de este libro, te invitamos a adentrarte en el análisis de la deflación y a explorar las estrategias y las perspectivas necesarias para comprender y abordar este fenómeno complejo en el contexto económico actual.

16.

Ciclo económico

Las fluctuaciones recurrentes de la actividad económica

El ciclo económico es un fenómeno complejo que describe las fluctuaciones recurrentes en la actividad económica de un país. A lo largo del tiempo, las economías experimentan períodos de expansión y contracción, dando lugar a un ciclo que se repite de manera continua. Estas fluctuaciones cíclicas impactan en diversos aspectos de la economía, desde el crecimiento y el empleo hasta la inflación y la inversión.

El ciclo económico se compone de cuatro fases principales: expansión, pico, contracción y valle. Durante la fase de expansión, la economía experimenta un crecimiento sostenido, caracterizado por un aumento en la producción, la inversión y el empleo. En este período, la confianza empresarial es alta, la demanda de bienes y servicios aumenta y se observa un mayor dinamismo económico.

Sin embargo, a medida que la economía se acerca al pico, se hace evidente una desaceleración en la actividad económica. En la fase de pico, se alcanza el punto máximo del ciclo económico, marcando el inicio de una posible contracción. Durante esta fase, la economía se estabiliza y comienza a mostrar signos de desaceleración. La demanda puede comenzar a disminuir, la confianza empresarial puede debilitarse y los indicadores económicos muestran señales de agotamiento.

La fase de contracción es el período en el que la economía se contrae. La producción disminuye, el empleo se reduce y la inversión se ve afectada. La demanda de bienes y servicios se debilita, y las empresas pueden enfrentar dificultades financieras. Durante esta fase, el desempleo tiende a aumentar y la confianza del consumidor disminuye. La economía experimenta una recesión, y el ajuste en los diferentes sectores puede llevar tiempo antes de que se recupere.

Finalmente, la economía alcanza el valle, el punto más bajo de la fase de contracción. En este punto, la actividad económica se estabiliza y comienza a mostrar signos de recuperación. Las políticas económicas y las condiciones externas pueden desempeñar un papel importante en la salida del valle y en la transición hacia una nueva fase de expansión.

El ciclo económico está influenciado por una variedad de factores, como las políticas monetarias y fiscales, los cambios en la demanda agregada, los shocks externos, la confianza del consumidor y las condiciones del mercado internacional. Los economistas y los responsables de la formulación de políticas utilizan diferentes herramientas y estrategias para monitorear y gestionar los ciclos económicos, con el objetivo de estabilizar la economía y minimizar las fluctuaciones.

En este libro, nos adentraremos en el fascinante mundo del ciclo económico. Exploraremos las teorías y los enfoques que explican su origen y dinámica, así como las implicaciones para la política económica y las decisiones individuales. Analizaremos casos históricos y contemporáneos de ciclos económicos, para comprender mejor las características, las causas y los efectos de estos movimientos recurrentes en la actividad económica.

Comprender el ciclo económico es esencial para los analistas, los responsables de la toma de decisiones y cualquier persona interesada en comprender los patrones y las dinámicas de la economía. A través de este libro, te invitamos a explorar en profundidad el ciclo económico y a desentrañar sus complejidades para tener una visión más completa de la actividad económica y sus interconexiones.

17.

Recesión

Una fase de contracción económica caracterizada por la disminución del PIB

La recesión es una etapa del ciclo económico en la que la actividad económica de un país experimenta una contracción significativa. Se define como un período de al menos dos trimestres consecutivos de disminución del Producto Interno Bruto (PIB), que es la medida del valor de todos los bienes y servicios producidos en un país en un determinado período de tiempo.

Durante una recesión, la producción y el gasto disminuyen, lo que lleva a una caída en el PIB. Los sectores clave de la economía, como la industria, el comercio y los servicios, pueden experimentar una disminución en la producción y las ventas. Esto puede llevar a una reducción en el empleo, ya que las empresas pueden verse obligadas a reducir su fuerza laboral debido a la menor demanda de bienes y servicios.

La recesión se caracteriza por una disminución generalizada de la actividad económica y puede tener efectos negativos en diferentes aspectos de la sociedad. El desempleo tiende a aumentar, lo que resulta en una mayor presión sobre los ingresos de los hogares y un menor poder adquisitivo. Además, las empresas pueden enfrentar dificultades financieras, lo que puede llevar a una reducción en la inversión y a un deterioro en las condiciones económicas generales.

Durante una recesión, los gobiernos y los responsables de la política económica suelen implementar medidas para estimular la economía y contrarrestar los efectos negativos. Esto puede incluir políticas monetarias expansivas, como la reducción de las tasas de interés, y políticas fiscales expansivas, como el aumento del gasto público o la reducción de impuestos. Estas medidas buscan impulsar la demanda agregada y estimular la actividad económica para salir de la recesión.

Es importante destacar que una recesión no es un evento aislado, sino parte del ciclo económico. Después de una recesión, la economía puede pasar por una fase de recuperación, en la cual se observa una mejora gradual en la actividad económica y el PIB comienza a crecer nuevamente.

En este libro, exploraremos en detalle el concepto de recesión y su impacto en la economía. Analizaremos las causas y las características de las recesiones, así como las estrategias y políticas utilizadas para hacer frente a este fenómeno. También examinaremos casos históricos y contemporáneos de recesiones, con el objetivo de comprender mejor los factores que las desencadenan y las posibles vías para salir de ellas.

La comprensión de las recesiones es esencial para los economistas, los responsables de la formulación de políticas y cualquier persona interesada en los aspectos económicos de la sociedad. A través de este libro, te invitamos a adentrarte en el fascinante mundo de las recesiones y a descubrir cómo afectan a las economías y a las personas en diferentes niveles.

18.

Depresión

Una recesión prolongada y severa

La depresión es una fase extrema y prolongada del ciclo económico, caracterizada por una recesión severa y prolongada en la actividad económica. A diferencia de una recesión típica, una depresión implica una contracción prolongada y generalizada de la economía, con una disminución significativa y persistente del Producto Interno Bruto (PIB), altos niveles de desempleo y una caída drástica en la inversión y el consumo.

Una depresión es considerada una recesión de larga duración y de gran intensidad. A menudo se caracteriza por una disminución sustancial y prolongada en la producción industrial, el comercio, la inversión y la demanda de bienes y servicios. La confianza empresarial y del consumidor suele estar muy debilitada durante este período, lo que contribuye a la persistencia de la depresión.

Las depresiones pueden tener múltiples causas, que van desde crisis financieras y colapsos en los mercados, hasta desequilibrios macroeconómicos y eventos económicos y políticos de gran escala. Por lo general, se requieren múltiples factores desfavorables que se combinan para desencadenar una depresión económica.

Durante una depresión, los efectos en la sociedad son significativos. El desempleo alcanza niveles alarmantes, lo que resulta en una reducción generalizada de los ingresos de los hogares y un aumento de la pobreza. Además, las empresas enfrentan graves dificultades financieras y pueden verse obligadas a cerrar, lo que agrava aún más la situación económica.

La recuperación de una depresión puede llevar mucho tiempo y requerir intervenciones y políticas económicas especiales. Los gobiernos y las autoridades pueden implementar medidas de estímulo masivas, como programas de inversión pública, políticas fiscales expansivas y reformas estructurales, para impulsar la actividad económica y estimular la creación de empleo.

Es importante destacar que las depresiones son eventos excepcionales y no ocurren con frecuencia. Sin embargo, su impacto es profundo y duradero, dejando una marca significativa en la economía y en la vida de las personas.

En este libro, exploraremos en detalle el concepto de depresión económica y su impacto en la sociedad. Analizaremos las características y las causas de las depresiones, así como las estrategias y políticas utilizadas para superar estas crisis económicas. También examinaremos casos históricos de depresiones y las lecciones aprendidas de ellos, con el objetivo de comprender mejor las dinámicas y los desafíos que enfrenta una economía en un período de depresión.

La comprensión de las depresiones económicas es esencial para los economistas, los responsables de la formulación de políticas y cualquier persona interesada en los aspectos económicos de la sociedad. A través de este libro, te invitamos a adentrarte en el complejo mundo de las depresiones y a explorar las estrategias y soluciones que se han implementado a lo largo de la historia para superar estas crisis económicas sin precedentes.

19.

Inversión

La adquisición de activos con el objetivo de generar ingresos o valor a largo plazo

La inversión es un concepto fundamental en la economía que se refiere a la adquisición de activos con el objetivo de generar ingresos o aumentar su valor a lo largo del tiempo. Los individuos, las empresas y los gobiernos realizan inversiones como una estrategia para utilizar sus recursos de manera productiva y obtener rendimientos económicos en el futuro.

La inversión puede adoptar diferentes formas, desde la compra de acciones y bonos en los mercados financieros hasta la adquisición de bienes raíces, maquinarias o equipos productivos. Los inversores evalúan cuidadosamente las oportunidades de inversión, considerando factores como el rendimiento esperado, el riesgo asociado y el horizonte temporal de la inversión.

El objetivo principal de la inversión es generar rendimientos a largo plazo. Esto puede manifestarse a través de la obtención de ingresos periódicos, como dividendos en el caso de las acciones, intereses en bonos o alquileres en bienes raíces. También se espera que el valor de los activos adquiridos aumente con el tiempo, lo que permite obtener ganancias de capital al vender los activos a un precio superior al costo original.

La inversión desempeña un papel crucial en el crecimiento económico, ya que estimula la actividad empresarial, fomenta la innovación y genera empleo. Además, las inversiones contribuyen al desarrollo de infraestructuras, mejoras en la tecnología y la creación de nuevas industrias, lo que impulsa el progreso económico en general.

Sin embargo, la inversión conlleva ciertos riesgos. Los inversores deben evaluar cuidadosamente los riesgos asociados con cada oportunidad de inversión y tomar decisiones informadas. Los factores económicos, políticos y de mercado pueden influir en el rendimiento de las inversiones y, en algunos casos, pueden resultar en pérdidas.

En este libro, exploraremos el fascinante mundo de la inversión y analizaremos los diferentes tipos de inversiones disponibles. Discutiremos los conceptos clave relacionados con la inversión, como el rendimiento, el riesgo, la diversificación y los mercados financieros. También abordaremos estrategias de inversión populares y proporcionaremos consejos prácticos para aquellos que deseen adentrarse en el mundo de la inversión.

La comprensión de la inversión es esencial para los inversores individuales, los profesionales financieros y cualquier persona interesada en hacer crecer su riqueza y asegurar su futuro financiero. A través de este libro, te invitamos a explorar los fundamentos de la inversión y a adquirir los conocimientos necesarios para tomar decisiones informadas y estratégicas en el ámbito de las inversiones.

20.

Consumo

La compra de bienes y servicios para satisfacer las necesidades y deseos

El consumo es un aspecto fundamental de la actividad económica y se refiere a la adquisición y utilización de bienes y servicios por parte de los individuos y las familias. Es el acto de gastar dinero para satisfacer las necesidades y deseos personales, lo que implica la compra y el uso de bienes tangibles, como alimentos, ropa y vivienda, así como servicios intangibles, como educación, atención médica y entretenimiento.

El consumo desempeña un papel crucial en el funcionamiento de la economía, ya que impulsa la demanda de productos y servicios, lo que a su vez estimula la producción y genera empleo. El nivel de consumo en una sociedad está influenciado por factores como los ingresos disponibles, las preferencias individuales, los precios de los bienes y servicios, así como los niveles de confianza en la economía.

El comportamiento de consumo puede variar ampliamente entre las personas y las culturas, y puede estar influenciado por diversos factores, como la publicidad, las tendencias sociales, las tradiciones y las necesidades básicas. Algunos individuos pueden tener un enfoque más orientado al ahorro, mientras que otros pueden tener un enfoque más orientado al consumo y gastar una mayor proporción de sus ingresos.

En la economía moderna, el consumo también se ve influenciado por la disponibilidad de crédito y la facilidad para acceder a préstamos, lo que puede fomentar un mayor gasto y endeudamiento por parte de los consumidores. Sin embargo, un consumo excesivo y basado en el endeudamiento puede llevar a problemas financieros y desequilibrios económicos.

Es importante destacar que el consumo sostenible y consciente ha ganado relevancia en los últimos años. Los consumidores están cada vez más preocupados por el impacto ambiental, la responsabilidad social y la ética en la producción de bienes y servicios. Esto ha llevado a un mayor interés en opciones de consumo más sostenibles, como la compra de productos ecoamigables, el apoyo a empresas socialmente responsables y la adopción de estilos de vida más conscientes del medio ambiente.

En este libro, exploraremos en detalle el concepto de consumo y su impacto en la economía. Discutiremos los factores que influyen en el comportamiento de consumo, así como las implicaciones económicas y sociales del consumo excesivo o insostenible. También abordaremos temas relacionados, como la psicología del consumo, las tendencias de consumo y las estrategias de marketing utilizadas para influir en las decisiones de compra.

La comprensión del consumo es esencial para los economistas, los responsables de la formulación de políticas y cualquier persona interesada en comprender la dinámica económica y su relación con las decisiones de gasto de los individuos. A través de este libro, te invitamos a explorar el fascinante mundo del consumo y a reflexionar sobre nuestras elecciones como consumidores en el contexto económico y social actual.

21.

Tasa de interés

El costo del dinero prestado o el rendimiento del dinero invertido

La tasa de interés es un concepto central en el ámbito financiero y económico. Se refiere al costo que se paga por el uso del dinero prestado o al rendimiento que se obtiene al invertir dinero. Es un indicador clave que afecta tanto a los consumidores como a las empresas y tiene un impacto significativo en la toma de decisiones financieras.

Cuando una persona o entidad solicita un préstamo, la tasa de interés representa el costo adicional que debe pagar por el privilegio de utilizar ese dinero durante un período de tiempo determinado. Este costo adicional se expresa como un porcentaje del monto prestado y se puede presentar en términos de una tasa anual, mensual o diaria, dependiendo de las condiciones del préstamo.

La tasa de interés también juega un papel importante en las inversiones. Cuando alguien invierte dinero, ya sea en acciones, bonos, cuentas de ahorro u otros instrumentos financieros, la tasa de interés representa el rendimiento potencial que puede obtenerse sobre ese dinero invertido. Es decir, es la recompensa que se espera recibir por renunciar al uso inmediato del dinero y permitir que se utilice para otros fines productivos durante un período de tiempo determinado.

Las tasas de interés son determinadas por una serie de factores, como las políticas monetarias del banco central, la oferta y la demanda de crédito, la inflación, el riesgo crediticio y las condiciones económicas generales. Estas tasas pueden variar ampliamente y tienen un impacto significativo en la economía en general. Tasas de interés más bajas pueden fomentar el consumo y la inversión, mientras que tasas más altas pueden desacelerar la actividad económica al hacer que el endeudamiento sea más costoso y desincentivar la inversión.

Es importante tener en cuenta que las tasas de interés pueden ser fijas o variables. Las tasas fijas permanecen constantes a lo largo del período de préstamo o inversión, mientras que las tasas variables pueden cambiar en respuesta a cambios en los mercados financieros o en las políticas monetarias.

En este libro, exploraremos en detalle el concepto de tasa de interés y su importancia en la economía. Discutiremos cómo se determinan las tasas de interés, sus efectos en los préstamos y las inversiones, así como las estrategias para aprovechar las tasas de interés en beneficio propio. También abordaremos los diferentes tipos de tasas de interés, como las tasas de interés nominales y las tasas de interés reales, y analizaremos su impacto en los individuos, las empresas y la economía en su conjunto.

La comprensión de las tasas de interés es esencial para cualquier persona que desee tomar decisiones financieras informadas, ya sea al solicitar un préstamo, invertir dinero o planificar su futuro financiero. A través de este libro, te invitamos a sumergirte en el mundo de las tasas de interés y a comprender su papel en el funcionamiento de la economía y en nuestras vidas financieras.

22.

Tipo de cambio

El valor relativo de una moneda con respecto a otra

El tipo de cambio es un concepto fundamental en el ámbito de las finanzas internacionales y se refiere al valor relativo de una moneda con respecto a otra. Representa la cantidad de una moneda que se requiere para adquirir una unidad de otra moneda y juega un papel crucial en el comercio internacional y en las transacciones financieras entre países.

El tipo de cambio puede ser expresado de diferentes maneras. Por ejemplo, se puede indicar cuántas unidades de una moneda se necesitan para adquirir una unidad de otra moneda, o cuánto vale una unidad de una moneda en términos de otra moneda. Estos tipos de cambio pueden fluctuar constantemente debido a diversos factores económicos, políticos y financieros.

Los tipos de cambio son determinados por el mercado de divisas, donde se llevan a cabo las transacciones de compra y venta de diferentes monedas. La oferta y la demanda de cada moneda son los principales impulsores de los cambios en los tipos de cambio. Si hay una mayor demanda de una moneda, su valor tiende a aumentar en relación con otras monedas, lo que se refleja en un tipo de cambio más alto. Por otro lado, si la demanda de una moneda disminuye, su valor tiende a caer en relación con otras monedas, lo que se refleja en un tipo de cambio más bajo.

Los tipos de cambio tienen un impacto significativo en la economía de un país. Pueden afectar las exportaciones e importaciones, ya que un tipo de cambio favorable puede hacer que las exportaciones sean más competitivas en los mercados internacionales, mientras que un tipo de cambio desfavorable puede encarecer las importaciones. Además, los tipos de cambio influyen en el turismo, los flujos de inversión extranjera, la deuda externa y otros aspectos de la economía nacional.

Es importante tener en cuenta que los tipos de cambio pueden ser flexibles o fijos. En un régimen de tipo de cambio flexible, el valor de la moneda fluctúa libremente en función de la oferta y la demanda del mercado. En cambio, en un régimen de tipo de cambio fijo, el valor de la moneda está vinculado a otra moneda o a una cesta de monedas, y las autoridades monetarias intervienen para mantener ese valor estable.

En este libro, exploraremos en detalle el concepto de tipo de cambio y su importancia en la economía global. Discutiremos los factores que influyen en los tipos de cambio, como los diferenciales de tasas de interés, los flujos de capital, los eventos políticos y económicos, así como las políticas monetarias y cambiarias. También abordaremos las implicaciones de los tipos de cambio en los negocios internacionales, el turismo y las decisiones financieras de los individuos y las empresas.

La comprensión de los tipos de cambio es esencial para aquellos involucrados en transacciones internacionales, inversiones en el extranjero y cualquier persona interesada en comprender la dinámica de los mercados de divisas. A través de este libro, te invitamos a adentrarte en el fascinante mundo de los tipos de cambio y a analizar su impacto en la economía global y en nuestras vidas cotidianas.

23.

Balanza comercial

La diferencia entre las exportaciones e importaciones de un país

La balanza comercial es un término utilizado en economía para referirse a la diferencia entre el valor de las exportaciones y el valor de las importaciones de bienes y servicios de un país durante un período determinado. Es un indicador importante que muestra el resultado neto de las transacciones comerciales de un país con el resto del mundo.

Cuando las exportaciones de un país superan el valor de sus importaciones, se dice que ese país tiene un superávit comercial. Por el contrario, cuando el valor de las importaciones es mayor que el valor de las exportaciones, se dice que el país tiene un déficit comercial. En algunos casos, cuando las exportaciones e importaciones se equilibran, se habla de una balanza comercial equilibrada o nula.

La balanza comercial refleja la relación comercial de un país con otros países y tiene implicaciones económicas significativas. Un superávit comercial puede indicar una ventaja competitiva en la producción y exportación de ciertos bienes y servicios, lo que puede tener un impacto positivo en el empleo y el crecimiento económico. Además, un superávit comercial puede resultar en un aumento de las reservas de divisas y mejorar la posición financiera del país en el mercado internacional.

Por otro lado, un déficit comercial puede indicar una dependencia excesiva de las importaciones, lo que puede afectar negativamente la producción y el empleo en determinadas industrias nacionales. Un déficit comercial también puede implicar una salida de divisas del país y generar presiones en la balanza de pagos.

Es importante destacar que la balanza comercial no es el único factor que determina la salud económica de un país, y que existen otros componentes en la balanza de pagos, como los flujos de inversión y los ingresos por servicios, que también deben tenerse en cuenta para tener una imagen completa de la posición económica de un país en relación con el resto del mundo.

En este libro, exploraremos en detalle el concepto de balanza comercial y su importancia en la economía de un país. Discutiremos los factores que influyen en la balanza comercial, como los diferenciales de productividad, las políticas comerciales, los tipos de cambio y los acuerdos comerciales internacionales. También analizaremos las implicaciones de los superávits y déficits comerciales en la economía nacional y en las relaciones comerciales internacionales.

La comprensión de la balanza comercial es fundamental para los responsables de la formulación de políticas económicas, los empresarios, los inversores y cualquier persona interesada en entender el funcionamiento del comercio internacional y su impacto en la economía global. A través de este libro, te invitamos a profundizar en el tema de la balanza comercial y a explorar sus implicaciones en el desarrollo económico y en las decisiones comerciales de los países.

24.
Mercado laboral

La interacción entre empleadores y trabajadores

El mercado laboral es el espacio en el que se encuentran la oferta y la demanda de trabajo. Es el lugar donde los empleadores buscan contratar trabajadores y los trabajadores buscan empleo. En este mercado, se establece una interacción entre los empleadores, que representan la demanda de trabajo, y los trabajadores, que representan la oferta de trabajo.

En el mercado laboral, los empleadores buscan contratar a trabajadores que posean las habilidades, conocimientos y experiencia necesarios para llevar a cabo las tareas requeridas en sus organizaciones. Los trabajadores, por su parte, buscan empleo que se ajuste a sus habilidades y necesidades, y que les ofrezca condiciones laborales satisfactorias y oportunidades de desarrollo profesional.

La relación entre la oferta y la demanda de trabajo determina el equilibrio en el mercado laboral. Cuando la demanda de trabajo supera la oferta, se crea una situación de escasez de mano de obra, lo que puede resultar en salarios más altos y una mayor competencia entre los empleadores para atraer y retener talento. Por el contrario, cuando la oferta de trabajo supera la demanda, puede haber un exceso de mano de obra, lo que puede llevar a salarios más bajos y a una mayor competencia entre los trabajadores por conseguir empleo.

El mercado laboral también se ve influido por diversos factores, como el crecimiento económico, los avances tecnológicos, las políticas laborales y las tendencias demográficas. Estos factores pueden tener un impacto en la demanda y la oferta de trabajo, así como en las condiciones laborales y las oportunidades de empleo.

Es importante destacar que el mercado laboral no solo se refiere al empleo asalariado, sino que también abarca otras formas de trabajo, como el trabajo por cuenta propia, el trabajo freelance y el emprendimiento. Además, el mercado laboral no se limita a un solo país, ya que en la economía globalizada, los trabajadores y los empleadores pueden interactuar a nivel internacional.

En este libro, exploraremos en detalle el funcionamiento del mercado laboral y los principales conceptos relacionados. Analizaremos los diferentes tipos de empleo, las formas de contratación, las tendencias laborales y los desafíos actuales del mercado laboral. También abordaremos temas como la formación y la capacitación laboral, la movilidad laboral, la brecha salarial, la discriminación laboral y la legislación laboral.

La comprensión del mercado laboral es fundamental para los trabajadores que buscan empleo, los empleadores que contratan personal, los responsables de políticas públicas y cualquier persona interesada en entender las dinámicas del empleo y las condiciones laborales. A través de este libro, te invitamos a adentrarte en el fascinante mundo del mercado laboral y a explorar sus implicaciones en la economía y en la vida de las personas.

25.

Teoría de la ventaja comparativa

Los beneficios del comercio basados en las diferencias de costos entre países

La teoría de la ventaja comparativa es un concepto económico propuesto por el economista británico David Ricardo en el siglo XIX. Esta teoría sostiene que los países se benefician al participar en el comercio internacional si se especializan en la producción y exportación de bienes y servicios en los que tienen una ventaja comparativa, es decir, en los que son relativamente más eficientes en términos de costos en comparación con otros países.

La ventaja comparativa se basa en las diferencias de costos de producción entre los países. Según la teoría, un país tiene una ventaja comparativa en la producción de un bien o servicio si puede producirlo a un costo más bajo en términos de recursos (trabajo, capital, tierra) en comparación con otros países. Por lo tanto, es más beneficioso para un país especializarse en la producción y exportación de los bienes y servicios en los que tiene una ventaja comparativa, mientras que importa los bienes y servicios en los que otros países son más eficientes.

La teoría de la ventaja comparativa argumenta que el comercio basado en la especialización y el intercambio de bienes y servicios entre países conduce a una asignación más eficiente de los recursos a nivel global. Permite a los países aprovechar sus fortalezas y beneficiarse de las diferencias en los costos de producción. Esto resulta en un aumento de la producción total, una mayor disponibilidad de bienes y servicios para los consumidores y un mayor nivel de bienestar económico en general.

La teoría de la ventaja comparativa tiene implicaciones importantes en la formulación de políticas comerciales y en la toma de decisiones de las empresas y los individuos. Promueve la liberalización del comercio, la apertura de mercados y la eliminación de barreras comerciales, como aranceles y cuotas, para fomentar el intercambio internacional y el aprovechamiento de las ventajas comparativas.

Sin embargo, también se deben tener en cuenta otros factores, como la distribución de los beneficios del comercio, la protección de ciertas industrias nacionales y la consideración de aspectos sociales y ambientales en las cadenas de suministro internacionales.

En este libro, exploraremos en detalle la teoría de la ventaja comparativa y sus implicaciones en el comercio internacional. Analizaremos los conceptos de costos de producción, especialización, competitividad y patrones de comercio. También examinaremos los desafíos y las críticas asociadas con esta teoría, así como las políticas comerciales y los acuerdos internacionales que buscan promover el comercio basado en la ventaja comparativa.

La comprensión de la teoría de la ventaja comparativa es esencial para los responsables de políticas comerciales, los empresarios, los economistas y cualquier persona interesada en entender los beneficios y las dinámicas del comercio internacional. A través de este libro, te invitamos a explorar los fundamentos de la teoría de la ventaja comparativa y a reflexionar sobre su relevancia en el contexto económico global actual.

26.

Economías de escala

Los ahorros de costos que se obtienen al aumentar la producción

Las economías de escala son un concepto económico que se refiere a los ahorros de costos que una empresa o industria puede lograr al aumentar su producción y aprovechar al máximo sus capacidades productivas. Estos ahorros de costos se derivan de la distribución de los costos fijos y variables a lo largo de un mayor volumen de producción.

Cuando una empresa experimenta economías de escala, significa que el costo promedio de producción disminuye a medida que la cantidad producida aumenta. Esto se debe a una serie de factores, como la eficiencia en el uso de los recursos, la optimización de los procesos productivos, la especialización de la mano de obra, la negociación de mejores términos con proveedores y la capacidad de inversión en tecnología y maquinaria más avanzada.

Existen diferentes tipos de economías de escala. La economía de escala interna se refiere a los ahorros de costos que se obtienen dentro de una sola empresa a medida que aumenta su producción. Esto puede ocurrir debido a la utilización más eficiente de los recursos, la reducción de los costos unitarios de los insumos, el aumento de la productividad laboral y la mejora de la gestión.

Por otro lado, la economía de escala externa se produce cuando múltiples empresas en una industria se benefician de los ahorros de costos al aumentar conjuntamente su producción. Esto puede ocurrir a través de la creación de clústeres industriales, la cooperación en la cadena de suministro, la compartición de infraestructuras y la obtención de economías de alcance al diversificar la producción.

Las economías de escala tienen implicaciones importantes en la estructura de mercado y la competencia. A medida que las empresas logran economías de escala, pueden reducir sus precios y competir de manera más agresiva, lo que puede dificultar la entrada de nuevos competidores y fortalecer la posición de las empresas ya establecidas en el mercado.

Sin embargo, también es importante tener en cuenta que las economías de escala no son infinitas. En algún punto, los beneficios de aumentar la producción pueden disminuir debido a la complejidad de gestionar una empresa más grande, los problemas de coordinación, la rigidez organizativa y las limitaciones del mercado.

En este libro, exploraremos en detalle el concepto de economías de escala y su importancia en la economía. Analizaremos los factores que contribuyen a las economías de escala, los beneficios y los desafíos asociados con ellas, y su impacto en la eficiencia y la competitividad empresarial. También examinaremos cómo las economías de escala influyen en la estructura de mercado y en la toma de decisiones estratégicas de las empresas.

La comprensión de las economías de escala es fundamental para los empresarios, los administradores, los economistas y cualquier persona interesada en entender cómo la producción a gran escala puede generar ahorros de costos significativos. A través de este libro, te invitamos a explorar el fascinante mundo de las economías de escala y a reflexionar sobre su aplicación en diferentes sectores y contextos económicos.

27.

Capital humano

Los conocimientos, habilidades y capacidades de los individuos que contribuyen a la producción

El capital humano es un concepto clave en economía que se refiere a los conocimientos, habilidades, capacidades y competencias adquiridos por los individuos a través de la educación, la formación, la experiencia laboral y otros procesos de aprendizaje. Este capital humano es un recurso valioso que contribuye directamente a la producción y al crecimiento económico de un país.

El capital humano se considera un activo importante para las empresas y la sociedad en su conjunto. Los individuos con un mayor nivel de capital humano tienden a ser más productivos, más innovadores y tienen mayores oportunidades de empleo y desarrollo profesional. Además, el capital humano también influye en la capacidad de una economía para adaptarse a los cambios tecnológicos, mejorar la eficiencia y la calidad de los productos y servicios, y fomentar la innovación.

El capital humano puede manifestarse de diversas formas, como el nivel de educación formal, las habilidades técnicas y profesionales, la capacidad de resolución de problemas, el pensamiento crítico, la creatividad, la capacidad de trabajo en equipo y la adaptabilidad al cambio. Estos atributos y competencias no solo benefician a los individuos, sino que también impulsan el desarrollo económico a nivel nacional y global.

El fomento del capital humano requiere inversiones en educación, formación y desarrollo de habilidades. Los gobiernos, las empresas y las instituciones educativas desempeñan un papel crucial en la creación de entornos propicios para la adquisición y el desarrollo del capital humano. Esto puede implicar políticas educativas inclusivas, programas de capacitación y actualización profesional, inversiones en investigación y desarrollo, y la promoción de la igualdad de oportunidades en el acceso a la educación y la formación.

En este libro, exploraremos en detalle el concepto de capital humano y su importancia en el desarrollo económico. Analizaremos cómo se forma el capital humano, los factores que influyen en su acumulación, los beneficios económicos y sociales asociados y las políticas que pueden promover su desarrollo. También examinaremos las implicaciones del capital humano en la desigualdad, la movilidad social y la productividad laboral.

La comprensión del capital humano es esencial para los responsables de políticas, los líderes empresariales, los educadores y cualquier persona interesada en entender cómo el conocimiento y las habilidades de las personas impulsan el crecimiento económico y el progreso social. A través de este libro, te invitamos a explorar el fascinante mundo del capital humano y a reflexionar sobre cómo podemos fortalecer y aprovechar plenamente este recurso valioso para el beneficio de las personas y las sociedades en general.

28.

Externalidades positivas

Beneficios no compensados que afectan a terceros

Las externalidades positivas son un concepto importante en economía que se refiere a los beneficios no compensados que se generan como resultado de una actividad económica y que afectan a terceros que no están directamente involucrados en dicha actividad. Estas externalidades ocurren cuando una acción o una transacción económica genera beneficios adicionales para otras personas o para la sociedad en general, más allá de los beneficios obtenidos por los participantes directos.

Un ejemplo común de externalidad positiva es la educación. Cuando una persona adquiere conocimientos y habilidades a través de la educación, no solo se beneficia ella misma, sino que también genera beneficios para la sociedad en general. Estos beneficios pueden incluir un mayor nivel de productividad laboral, una mejor calidad de vida, una mayor capacidad para la innovación y la creatividad, y una ciudadanía más informada y comprometida.

Otro ejemplo de externalidad positiva es la inversión en investigación y desarrollo. Cuando las empresas invierten en actividades de investigación y desarrollo, los avances y descubrimientos que se generan pueden beneficiar a otras empresas y sectores económicos, fomentar la innovación y mejorar la calidad de vida de las personas.

Las externalidades positivas tienen implicaciones importantes en términos de asignación de recursos y bienestar social. Debido a que los beneficios de estas externalidades no se reflejan completamente en los precios de mercado, pueden existir incentivos insuficientes para que los individuos o las empresas generen dichos beneficios. Esto puede llevar a una subinversión en actividades que generan externalidades positivas y a una asignación ineficiente de los recursos económicos.

Para abordar las externalidades positivas, es necesario tomar medidas que internalicen estos beneficios en la toma de decisiones económicas. Esto puede incluir la implementación de políticas y regulaciones que promuevan la inversión en actividades que generen externalidades positivas, como subsidios a la educación o incentivos fiscales para la investigación y desarrollo. Además, la concienciación y la educación sobre el valor de las externalidades positivas pueden fomentar una mayor consideración de estos beneficios en la toma de decisiones individuales y empresariales.

En este libro, exploraremos en detalle el concepto de externalidades positivas y su importancia en la economía. Analizaremos diferentes ejemplos de externalidades positivas, los mecanismos que las generan, las consecuencias económicas y sociales asociadas, y las posibles estrategias para abordarlas de manera efectiva. También examinaremos cómo las externalidades positivas se relacionan con otras áreas de la economía, como la sostenibilidad, la responsabilidad social empresarial y el bienestar general.

La comprensión de las externalidades positivas es esencial para los responsables de políticas, los empresarios, los economistas y cualquier persona interesada en promover un desarrollo económico sostenible y equitativo. A través de este libro, te invitamos a explorar el fascinante mundo de las externalidades positivas y a reflexionar sobre cómo podemos fomentar su generación y aprovechamiento para el beneficio de todos.

29.
Externalidades negativas

Costos no compensados que afectan a terceros

Las externalidades negativas son un concepto importante en economía que se refiere a los costos no compensados que se generan como resultado de una actividad económica y que afectan a terceros que no están directamente involucrados en dicha actividad. Estas externalidades ocurren cuando una acción o una transacción económica genera costos adicionales para otras personas o para la sociedad en general, más allá de los costos soportados por los participantes directos.

Un ejemplo común de externalidad negativa es la contaminación ambiental causada por la producción industrial. Cuando una empresa contamina el aire, el agua o el suelo como resultado de sus procesos productivos, los costos asociados con la contaminación, como los problemas de salud, la degradación del medio ambiente y la reducción de la calidad de vida, son sufridos por la sociedad en general, no solo por la empresa en cuestión.

Otro ejemplo de externalidad negativa es el ruido generado por el tráfico en una ciudad. El ruido del tráfico puede causar molestias y afectar la calidad de vida de las personas que viven o trabajan cerca de las vías principales, incluso si no están directamente involucradas en la conducción de los vehículos.

Las externalidades negativas plantean desafíos significativos en términos de asignación de recursos y bienestar social. Debido a que los costos de estas externalidades no se reflejan completamente en los precios de mercado, puede haber incentivos insuficientes para que los individuos o las empresas internalicen estos costos y reduzcan su impacto negativo en la sociedad. Esto puede llevar a una sobreproducción o sobreconsumo de bienes o servicios que generan externalidades negativas, lo que resulta en una asignación ineficiente de los recursos económicos.

Para abordar las externalidades negativas, es necesario tomar medidas que internalicen estos costos en la toma de decisiones económicas. Esto puede incluir la implementación de políticas y regulaciones ambientales que promuevan la reducción de la contaminación, el establecimiento de impuestos o tarifas sobre actividades que generen externalidades negativas, y la promoción de tecnologías más limpias y sostenibles. Además, la concienciación y la educación sobre los impactos negativos de las externalidades pueden fomentar una mayor responsabilidad social y ambiental por parte de las empresas y los individuos.

En este libro, exploraremos en detalle el concepto de externalidades negativas y su importancia en la economía. Analizaremos diferentes ejemplos de externalidades negativas, los mecanismos que las generan, las consecuencias económicas y sociales asociadas, y las posibles estrategias para abordarlas de manera efectiva. También examinaremos cómo las externalidades negativas se relacionan con temas como la sostenibilidad, la responsabilidad social y la gobernanza ambiental.

La comprensión de las externalidades negativas es esencial para los responsables de políticas, los empresarios, los economistas y cualquier persona interesada en promover un desarrollo económico sostenible y equitativo. A través de este libro, te invitamos a explorar el fascinante mundo de las externalidades negativas y a reflexionar sobre cómo podemos mitigar su impacto y promover una economía más responsable y consciente del entorno.

30.

Teoría del capitalismo

Un sistema económico basado en la propiedad privada y la búsqueda de beneficios

La teoría del capitalismo es fundamental para comprender cómo funciona uno de los sistemas económicos más influyentes en el mundo. En su esencia, el capitalismo se basa en dos elementos clave: la propiedad privada de los recursos y la búsqueda de beneficios por parte de los individuos y las empresas.

En el sistema capitalista, los recursos de producción, como tierras, fábricas, maquinaria y capital, son propiedad privada, lo que significa que son controlados por individuos o entidades empresariales. Estos propietarios tienen el derecho de utilizar, intercambiar o vender sus recursos según su propio interés y en busca de beneficios económicos.

La búsqueda de beneficios es un motor central del sistema capitalista. Las empresas y los emprendedores buscan oportunidades de inversión y producción que les permitan obtener ingresos superiores a sus costos. Esta búsqueda de beneficios fomenta la competencia y la innovación, ya que las empresas buscan constantemente mejorar sus productos, reducir costos y captar una mayor participación en el mercado.

El sistema capitalista se sustenta en un mercado libre, donde los precios de los bienes y servicios son determinados por la oferta y la demanda. Los consumidores tienen la libertad de elegir qué productos adquirir en función de sus preferencias y posibilidades económicas. Al mismo tiempo, las empresas tienen la libertad de producir y ofrecer bienes y servicios de acuerdo con la demanda del mercado.

Uno de los principios clave del capitalismo es la competencia. En un mercado competitivo, las empresas buscan atraer a los consumidores ofreciendo productos de calidad a precios competitivos. Esta competencia no solo beneficia a los consumidores al proporcionarles opciones y precios más bajos, sino que también estimula la eficiencia económica y la innovación tecnológica.

El capitalismo también se basa en el sistema de precios, donde los precios de los bienes y servicios reflejan la oferta y la demanda. Los precios actúan como una señal informativa que permite a los productores y consumidores tomar decisiones sobre la producción y el consumo de bienes y servicios. Los precios también facilitan la asignación eficiente de los recursos escasos en la economía.

Si bien el capitalismo ha demostrado ser un sistema económico eficiente y dinámico, también plantea desafíos y preocupaciones. Por ejemplo, la búsqueda de beneficios puede dar lugar a desigualdades económicas, ya que algunos individuos o empresas pueden acumular mayores riquezas y poder económico que otros. Además, el capitalismo puede generar externalidades negativas, como la explotación de los recursos naturales o la sobreexplotación de los trabajadores.

En este libro, exploraremos en profundidad la teoría del capitalismo, examinando sus fundamentos, sus principios económicos y sus implicaciones sociales. Analizaremos sus fortalezas y debilidades, sus impactos en el desarrollo económico y social, y los debates en torno a su sostenibilidad y equidad. También exploraremos diferentes enfoques y modelos de capitalismo, como el capitalismo de libre mercado, el capitalismo social y el capitalismo inclusivo.

Al comprender la teoría del capitalismo, podrás apreciar mejor su funcionamiento, sus beneficios y sus desafíos. También podrás evaluar críticamente sus implicaciones y contribuir al debate sobre cómo mejorar y adaptar este sistema económico en busca de un desarrollo más equitativo y sostenible.

31.

Teoría del socialismo

Un sistema económico basado en la propiedad colectiva y la igualdad

La teoría del socialismo es un enfoque alternativo al capitalismo que propone un sistema económico basado en la propiedad colectiva de los recursos y la búsqueda de la igualdad económica y social. A diferencia del capitalismo, donde la propiedad privada y la búsqueda de beneficios son fundamentales, el socialismo busca redistribuir los recursos y garantizar una distribución más equitativa de la riqueza.

En el sistema socialista, los recursos de producción, como la tierra, las fábricas y los medios de producción, son propiedad colectiva o estatal en lugar de propiedad privada. El objetivo es eliminar o reducir significativamente las desigualdades económicas al evitar la concentración de riqueza y poder en manos de unos pocos.

La igualdad económica y social es un principio central en el socialismo. Se busca garantizar que todos los miembros de la sociedad tengan acceso a oportunidades económicas y sociales equitativas, así como a servicios básicos como educación, salud y vivienda. El objetivo es reducir la brecha entre ricos y pobres, y promover la solidaridad y la cooperación entre los miembros de la sociedad.

En un sistema socialista, el Estado desempeña un papel activo en la planificación económica y la distribución de recursos. En lugar de que los precios sean determinados por la oferta y la demanda en un mercado libre, se utilizan mecanismos de planificación central para regular la producción y el consumo. El Estado asume la responsabilidad de garantizar la satisfacción de las necesidades básicas de la población y la provisión de servicios públicos.

La teoría del socialismo también enfatiza la participación y el empoderamiento de los trabajadores. Se busca una mayor democracia en el lugar de trabajo, donde los trabajadores tengan voz en las decisiones que afectan su labor y participen en la gestión de las empresas. Esto se conoce como autogestión o control obrero.

Si bien el socialismo ha sido objeto de debate y ha asumido diversas formas en diferentes contextos históricos, su objetivo principal es el logro de la justicia social y la igualdad económica. Los defensores del socialismo argumentan que puede superar las desigualdades inherentes al capitalismo y crear una sociedad más equitativa y solidaria.

En este libro, exploraremos en detalle la teoría del socialismo, examinando sus fundamentos filosóficos, sus principios económicos y sus implicaciones sociales. Analizaremos diferentes enfoques y modelos de socialismo, desde el socialismo democrático hasta el socialismo de Estado, y exploraremos sus ventajas y desafíos. También discutiremos las críticas y los debates en torno al socialismo, así como las experiencias históricas y contemporáneas de países que han adoptado sistemas socialistas.

Al comprender la teoría del socialismo, podrás apreciar mejor sus objetivos, sus fundamentos y sus implicaciones. También podrás evaluar críticamente sus aplicaciones prácticas y contribuir al debate sobre cómo buscar una sociedad más justa y equitativa.

32.

Globalización

La creciente interconexión y dependencia económica entre países

La globalización es un fenómeno que ha transformado profundamente la economía mundial en las últimas décadas. Se refiere al proceso de creciente interconexión y dependencia económica entre países, impulsado por avances en las comunicaciones, el transporte y la tecnología.

En el contexto de la globalización, los países están cada vez más interconectados a través del comercio internacional, la inversión extranjera directa, los flujos de capital, la transferencia de tecnología y la migración. Estas interconexiones tienen un impacto significativo en la economía, la sociedad y la política de los países involucrados.

El comercio internacional es uno de los pilares fundamentales de la globalización. Los países participan en el intercambio de bienes y servicios a nivel mundial, buscando aprovechar las ventajas comparativas y acceder a mercados más amplios. La apertura de los mercados y la reducción de barreras comerciales, como los aranceles y las restricciones a la inversión extranjera, han impulsado el crecimiento del comercio internacional y la integración económica global.

La inversión extranjera directa (IED) es otro aspecto clave de la globalización. Las empresas invierten en otros países para establecer filiales, adquirir activos o formar alianzas estratégicas. Esto permite el flujo de capital, conocimientos y tecnología entre países, estimulando el crecimiento económico y la transferencia de habilidades y capacidades.

La globalización también ha impulsado el desarrollo de redes financieras globales, facilitando el movimiento de capitales a escala mundial. Los mercados financieros internacionales permiten la movilización de fondos, el acceso a préstamos y la inversión en diferentes países. Sin embargo, esta interconexión financiera también ha expuesto a los países a la volatilidad y los riesgos financieros globales.

La tecnología y las comunicaciones han sido factores clave en la expansión de la globalización. El desarrollo de las tecnologías de la información y las comunicaciones ha acelerado la transmisión de información, el intercambio de conocimientos y la conectividad global. La internet y las redes sociales han transformado la forma en que las personas se comunican, interactúan y realizan negocios a nivel mundial.

La globalización ha generado tanto beneficios como desafíos. Por un lado, ha proporcionado oportunidades de crecimiento económico, acceso a nuevos mercados y mayor variedad de bienes y servicios para los consumidores. También ha estimulado la innovación tecnológica y la colaboración internacional en áreas como la investigación científica y el desarrollo de soluciones globales.

Sin embargo, la globalización también ha planteado desafíos, como la desigualdad económica, la competencia laboral, la pérdida de empleos en determinadas industrias y la explotación de recursos naturales. Además, ha generado preocupaciones sobre la soberanía nacional, la preservación cultural y el impacto ambiental.

En este libro, exploraremos en detalle el fenómeno de la globalización, examinando sus causas, sus dimensiones económicas y sus implicaciones en diferentes aspectos de la sociedad. Discutiremos los debates en torno a la globalización, los beneficios y desafíos asociados, y las respuestas políticas y sociales que se han propuesto.

Comprender la globalización es esencial para analizar el funcionamiento de la economía mundial y su impacto en las políticas nacionales. Nos permitirá reflexionar sobre cómo aprovechar los beneficios de la globalización de manera más equitativa y sostenible, y cómo abordar los desafíos que plantea en el contexto actual.

33.

Desigualdad de ingresos

La brecha entre los ingresos de diferentes grupos de la sociedad

La desigualdad de ingresos es un fenómeno que se refiere a las diferencias en la distribución de los ingresos entre los individuos y grupos dentro de una sociedad. Se trata de la disparidad en la cantidad de ingresos que reciben diferentes personas y cómo se distribuye la riqueza en una determinada población.

La desigualdad de ingresos puede manifestarse de diversas formas. Por un lado, puede existir una brecha significativa entre los ingresos de los segmentos más ricos y los más pobres de la población. Esto se refleja en una concentración de la riqueza en manos de unos pocos, mientras que una gran parte de la población tiene acceso limitado a recursos y oportunidades económicas.

La desigualdad de ingresos también puede manifestarse en diferencias salariales entre distintos grupos de trabajadores. Algunos sectores o profesiones pueden tener salarios más altos que otros, lo que contribuye a la brecha en los ingresos entre diferentes categorías laborales. Además, las diferencias en la educación, la experiencia y las habilidades también pueden influir en los niveles de ingresos de las personas.

La desigualdad de ingresos puede tener diversas causas. Entre ellas se encuentran factores económicos, como la estructura productiva y el acceso desigual a oportunidades de empleo y generación de ingresos. También pueden influir factores políticos, sociales y culturales, como las políticas fiscales, las políticas laborales, la discriminación y los sistemas de bienestar.

La desigualdad de ingresos tiene implicaciones significativas para la sociedad en su conjunto. Puede generar tensiones sociales, afectar la movilidad económica y limitar las oportunidades de desarrollo para los grupos más desfavorecidos. Además, puede tener consecuencias negativas para la cohesión social, la estabilidad política y el crecimiento económico sostenible.

En este libro, exploraremos en detalle el concepto de desigualdad de ingresos, analizando sus causas, consecuencias y formas de medición. Examincaremos también las teorías y enfoques que buscan explicar las disparidades en la distribución de los ingresos y debatiremos sobre las posibles estrategias para abordar este problema.

Comprender la desigualdad de ingresos es fundamental para analizar la equidad económica y social en una sociedad. Nos permitirá reflexionar sobre la importancia de políticas y medidas que promuevan una distribución más justa de los ingresos y la búsqueda de oportunidades para todos los miembros de la sociedad.

34.

Mercado negro

Actividades económicas no reguladas ni controladas por el gobierno

El mercado negro, también conocido como economía informal o subterránea, se refiere a un conjunto de actividades económicas que se llevan a cabo al margen de las regulaciones y controles gubernamentales. Estas actividades se caracterizan por ser clandestinas, no declaradas y no sujetas a impuestos, regulaciones laborales o normativas comerciales.

En un mercado negro, los bienes y servicios se intercambian de manera ilegal o no autorizada. Puede incluir actividades como la venta de productos falsificados, el contrabando de mercancías, la evasión de impuestos, el trabajo no declarado o no regulado, la venta de drogas ilegales y otras transacciones ilegítimas.

Existen diversas razones por las cuales se desarrolla un mercado negro. Una de ellas es la falta de oportunidades económicas formales y empleo regular en ciertos sectores o regiones. Las personas recurren al mercado negro como una forma de obtener ingresos y sustento económico cuando no tienen acceso a empleos legales.

Otra razón puede ser la excesiva regulación y burocracia estatal, que dificulta el establecimiento y la operación de negocios legales. Esto lleva a que algunas personas opten por actividades no reguladas como una forma de evitar los obstáculos y los costos asociados con la legalidad.

El mercado negro presenta desafíos tanto para los gobiernos como para la sociedad en su conjunto. Por un lado, representa una pérdida de ingresos fiscales para el Estado, ya que las transacciones en el mercado negro no generan impuestos. Además, puede socavar la competencia leal en el mercado formal y fomentar la desigualdad económica.

Por otro lado, el mercado negro puede ofrecer una fuente de ingresos para personas en situaciones de vulnerabilidad o exclusión económica. Sin embargo, también puede estar asociado con actividades ilegales, violencia, corrupción y otros problemas sociales.

En este libro, exploraremos en detalle el fenómeno del mercado negro, analizando sus causas, consecuencias y características. Discutiremos los desafíos que representa para la economía y la sociedad, así como las posibles estrategias para abordar este problema, como la regulación inteligente, la promoción de empleo formal y el fortalecimiento del Estado de derecho.

Comprender el mercado negro nos ayudará a reflexionar sobre las implicaciones económicas, sociales y éticas de las actividades no reguladas y buscar soluciones efectivas para fomentar una economía más inclusiva y justa.

35.

Comercio justo

Un enfoque que busca condiciones laborales y comerciales equitativas

El comercio justo es un enfoque alternativo al comercio convencional que tiene como objetivo promover condiciones laborales y comerciales equitativas para los productores y trabajadores en países en desarrollo. Se basa en principios de justicia social, respeto por los derechos humanos y desarrollo sostenible.

A diferencia del comercio convencional, que a menudo se caracteriza por prácticas comerciales desiguales y explotación laboral, el comercio justo busca establecer relaciones comerciales más justas y transparentes. Su objetivo es garantizar que los productores y trabajadores reciben un trato digno, salarios justos y condiciones laborales seguras.

El comercio justo se aplica principalmente a productos como el café, el cacao, el té, el azúcar, los productos textiles y artesanales, entre otros. Los productos certificados como comercio justo llevan un sello distintivo que garantiza que se han cumplido ciertos estándares sociales, económicos y ambientales.

Algunos de los principios clave del comercio justo incluyen:

1. Pago de un precio justo: Los productores reciben un precio mínimo garantizado por sus productos, que cubre los costos de producción sostenibles y les permite vivir dignamente.

2. No a la explotación laboral: Se prohíbe el trabajo infantil y se promueven condiciones laborales seguras y justas para los trabajadores.

3. Relaciones comerciales a largo plazo: Se busca establecer relaciones duraderas entre los productores y los compradores, basadas en la confianza, la transparencia y la cooperación.

4. Desarrollo comunitario: Se fomenta la inversión en proyectos de desarrollo comunitario, como la construcción de escuelas, centros de salud y proyectos de infraestructura.

5. Protección del medio ambiente: Se promueve el uso sostenible de los recursos naturales, la conservación de la biodiversidad y prácticas agrícolas respetuosas con el medio ambiente.

El comercio justo brinda a los consumidores la oportunidad de elegir productos que respalden prácticas comerciales más justas y sostenibles. Al optar por productos certificados como comercio justo, los consumidores contribuyen a mejorar las condiciones de vida de los productores y trabajadores en países en desarrollo.

En este libro, exploraremos en detalle el concepto y los principios del comercio justo, así como los desafíos y beneficios asociados con su implementación. Analizaremos ejemplos de proyectos exitosos y reflexionaremos sobre cómo el comercio justo puede contribuir a construir una economía global más equitativa y sostenible.

Comprender el comercio justo nos permitirá apreciar el impacto de nuestras decisiones de consumo y explorar formas de promover un comercio más ético y responsable.

36.
Externalidades ambientales

Efectos no deseados sobre el medio ambiente debido a la actividad económica

Las externalidades ambientales son los efectos colaterales o secundarios de la actividad económica que afectan al medio ambiente y a la sociedad de manera no intencionada o no compensada. Estas externalidades pueden ser positivas, como la preservación de un ecosistema, o negativas, como la contaminación del aire o del agua.

En muchos casos, las empresas y los individuos no tienen en cuenta los costos ambientales asociados a sus acciones económicas, lo que lleva a la generación de externalidades ambientales negativas. Por ejemplo, una fábrica que emite gases contaminantes puede tener impactos perjudiciales en la calidad del aire y la salud de las personas que viven cerca de ella.

Las externalidades ambientales también pueden tener efectos a largo plazo, como el agotamiento de los recursos naturales o el cambio climático. Estos impactos pueden afectar negativamente la sostenibilidad de los sistemas naturales, la disponibilidad de recursos para las generaciones futuras y la estabilidad económica en general.

Para abordar las externalidades ambientales, es necesario considerar el principio de internalización de los costos. Esto implica incluir los costos ambientales asociados a la producción y el consumo en el proceso de toma de decisiones económicas. Esto puede lograrse a través de la implementación de políticas ambientales, como impuestos sobre la contaminación, regulaciones más estrictas, incentivos para la adopción de tecnologías limpias y la promoción de prácticas sostenibles.

En este libro, exploraremos en detalle las externalidades ambientales y su impacto en la economía y el medio ambiente. Analizaremos casos de estudio que destacan tanto las externalidades negativas como las soluciones innovadoras que se están implementando en diferentes sectores y regiones.

Comprender las externalidades ambientales nos ayudará a tomar decisiones más informadas y sostenibles en nuestra vida cotidiana, así como a promover políticas y acciones que minimicen los impactos negativos en el medio ambiente y fomenten un desarrollo económico más sostenible y equitativo.

37.

Política de libre comercio

Eliminación de barreras comerciales y promoción del intercambio libre

La política de libre comercio se refiere a un enfoque económico que aboga por la eliminación de barreras comerciales y promueve el intercambio libre de bienes y servicios entre países. Esta política se basa en la creencia de que el comercio sin restricciones beneficia a todas las partes involucradas y promueve el crecimiento económico global.

Las barreras comerciales pueden incluir aranceles, cuotas de importación, restricciones regulatorias y barreras no arancelarias, como barreras técnicas o sanitarias. Estas barreras limitan el acceso de los productos extranjeros a los mercados nacionales y pueden dificultar el comercio internacional.

La política de libre comercio busca eliminar o reducir estas barreras, facilitando así el intercambio de bienes y servicios entre países. Al fomentar la competencia y la especialización, se espera que el libre comercio promueva la eficiencia económica, aumente la productividad y mejore el bienestar de los consumidores al proporcionarles una mayor variedad de productos a precios más bajos.

Además de la eliminación de barreras comerciales, la política de libre comercio a menudo implica la promoción de acuerdos comerciales y la participación en organizaciones internacionales que fomentan la cooperación económica, como la Organización Mundial del Comercio (OMC) y los acuerdos de libre comercio regionales.

Si bien la política de libre comercio puede generar beneficios económicos, también puede plantear desafíos. Al abrir los mercados a la competencia extranjera, algunos sectores y trabajadores pueden enfrentar dificultades debido a la competencia desigual o a la necesidad de adaptarse a nuevas condiciones.

En este libro, exploraremos en detalle los fundamentos de la política de libre comercio, sus ventajas y desventajas, así como los debates y controversias que la rodean. Examinaremos estudios de casos de diferentes países y regiones que han adoptado políticas de libre comercio, y analizaremos cómo estas políticas afectan a los diversos sectores económicos y a la distribución del ingreso.

Comprender la política de libre comercio nos permitirá evaluar críticamente su impacto en la economía y la sociedad, y considerar formas de promover un comercio más justo y equilibrado que beneficie a todas las partes involucradas.

38.

Política proteccionista

Uso de barreras comerciales para proteger la industria nacional

La política proteccionista se refiere a un enfoque económico que busca proteger la industria nacional mediante la imposición de barreras comerciales y restricciones al comercio internacional. A diferencia de la política de libre comercio, que busca fomentar el intercambio libre de bienes y servicios, la política proteccionista tiene como objetivo salvaguardar la producción nacional y protegerla de la competencia extranjera.

Las medidas proteccionistas pueden incluir aranceles, cuotas de importación, subsidios a la producción nacional, barreras no arancelarias y regulaciones comerciales más estrictas. Estas barreras comerciales buscan desalentar o limitar la importación de productos extranjeros y favorecer la producción y venta de bienes y servicios nacionales.

Los defensores de la política proteccionista argumentan que estas medidas son necesarias para proteger la industria nacional de la competencia desleal, garantizar empleos locales, preservar la seguridad alimentaria y promover la autonomía económica de un país. También sostienen que el proteccionismo puede ser utilizado como una herramienta estratégica para desarrollar y fortalecer sectores industriales clave.

Sin embargo, los críticos del proteccionismo argumentan que estas políticas pueden generar efectos negativos, como el aumento de los precios de los productos importados, la reducción de la variedad de opciones para los consumidores y la creación de tensiones comerciales entre países. Además, el proteccionismo puede frenar la innovación y la eficiencia económica al proteger a las empresas nacionales de la competencia externa.

En este libro, exploraremos en detalle los fundamentos de la política proteccionista, sus argumentos a favor y en contra, y los posibles impactos económicos y sociales de su implementación. Analizaremos casos de estudio de países que han adoptado políticas proteccionistas y examinaremos cómo estas políticas han afectado a los sectores económicos, el comercio internacional y las relaciones entre países.

Comprender la política proteccionista nos permitirá evaluar críticamente sus beneficios y desafíos, y considerar cómo lograr un equilibrio entre la protección de la industria nacional y los beneficios del comercio internacional para el crecimiento económico y el bienestar general.

39.

Política

redistributiva

La redistribución de ingresos y riqueza para reducir la desigualdad

La política redistributiva se refiere a un conjunto de medidas y acciones implementadas por los gobiernos con el objetivo de redistribuir los ingresos y la riqueza en la sociedad, con el fin de reducir la desigualdad económica. Esta política busca abordar las disparidades de ingresos y garantizar un reparto más equitativo de los recursos entre los diferentes grupos de la población.

Las medidas de política redistributiva pueden incluir impuestos progresivos, programas de bienestar social, políticas de salario mínimo, subsidios y transferencias económicas directas, entre otros. Estas políticas tienen como objetivo elevar el nivel de vida de los sectores más desfavorecidos de la sociedad, proporcionarles oportunidades y reducir la brecha entre los segmentos de ingresos altos y bajos.

Los defensores de la política redistributiva argumentan que una distribución más equitativa de los recursos puede conducir a una mayor cohesión social, reducir la pobreza, promover la movilidad social y fomentar la estabilidad económica. Además, sostienen que la desigualdad excesiva puede generar tensiones sociales y afectar negativamente el crecimiento económico a largo plazo.

Sin embargo, los críticos de la política redistributiva plantean preocupaciones sobre los posibles efectos negativos, como la desincentivación del trabajo y la inversión, la carga fiscal excesiva para los contribuyentes de mayores ingresos y la posible interferencia en los mecanismos del mercado.

En este libro, exploraremos en detalle los fundamentos de la política redistributiva, los diferentes enfoques y estrategias utilizados en distintos países, y los debates y desafíos asociados con su implementación. Analizaremos los efectos económicos y sociales de estas políticas, y examinaremos estudios de casos para comprender cómo se han abordado las desigualdades y la redistribución en diferentes contextos.

Comprender la política redistributiva nos permitirá evaluar críticamente sus impactos y beneficios, así como considerar alternativas y enfoques innovadores para promover una distribución más equitativa de los recursos en la sociedad.

40.

Desarrollo sostenible

El equilibrio entre el crecimiento económico, la equidad social y la protección ambiental

El desarrollo sostenible es un concepto que busca alcanzar un equilibrio entre el crecimiento económico, la equidad social y la protección ambiental, reconociendo que estos tres aspectos están interconectados y son fundamentales para garantizar un futuro sostenible para las generaciones presentes y futuras.

El desarrollo sostenible implica satisfacer las necesidades actuales sin comprometer la capacidad de las futuras generaciones para satisfacer sus propias necesidades. Busca armonizar el progreso económico con la conservación del medio ambiente y la promoción de la justicia social, reconociendo que el crecimiento económico desmedido y la explotación irresponsable de los recursos naturales pueden tener consecuencias negativas a largo plazo.

En el contexto económico, el desarrollo sostenible promueve un enfoque que va más allá del simple crecimiento del Producto Interno Bruto (PIB) y considera otros indicadores de bienestar y calidad de vida. Busca integrar consideraciones ambientales y sociales en la toma de decisiones económicas, fomentando la eficiencia en el uso de recursos, la innovación tecnológica y la inclusión de todos los sectores de la sociedad en los beneficios del desarrollo.

Desde el punto de vista social, el desarrollo sostenible se preocupa por garantizar la equidad y la justicia, abordando las desigualdades económicas y sociales, promoviendo la igualdad de oportunidades, y respetando los derechos humanos y la diversidad cultural. Reconoce la importancia de la participación ciudadana, el empoderamiento de las comunidades y la construcción de sociedades inclusivas y participativas.

En cuanto al aspecto ambiental, el desarrollo sostenible busca preservar los recursos naturales, proteger la biodiversidad y mitigar los impactos negativos sobre el medio ambiente. Esto implica adoptar prácticas sostenibles en la producción y el consumo, promover fuentes de energía renovable, reducir la emisión de gases de efecto invernadero, y gestionar de manera responsable los desechos y la contaminación.

En este libro, exploraremos en detalle los principios y enfoques del desarrollo sostenible, analizaremos los desafíos y oportunidades que presenta, y examinaremos casos de estudio de proyectos y políticas que han buscado integrar los aspectos económicos, sociales y ambientales en su implementación.

Comprender el desarrollo sostenible nos permitirá reflexionar sobre las interrelaciones entre la economía, la sociedad y el medio ambiente, y explorar formas innovadoras de promover un desarrollo equilibrado y sostenible en nuestras comunidades y a nivel global.

41.

Economía de escasez

La asignación de recursos limitados para satisfacer necesidades ilimitadas

La economía de escasez es un concepto fundamental en la ciencia económica que se refiere a la situación en la que los recursos disponibles son limitados o finitos, mientras que las necesidades y deseos humanos son ilimitados. Esta condición de escasez implica que no se pueden satisfacer todas las demandas y aspiraciones de la sociedad con los recursos disponibles, lo que requiere la toma de decisiones para asignar esos recursos de manera eficiente.

La escasez puede aplicarse a diversos recursos, como tierra, mano de obra, capital y materias primas. En todos los casos, la cantidad de recursos disponibles es limitada en comparación con la demanda y las necesidades humanas. Por lo tanto, la economía se enfrenta al desafío de cómo asignar esos recursos limitados de la manera más eficiente y equitativa posible.

La asignación de recursos en una economía de escasez se basa en principios económicos como la oferta y demanda, los precios relativos y los costos de oportunidad. Los agentes económicos, como consumidores, empresas y el gobierno, toman decisiones racionales considerando los beneficios y costos de diferentes opciones y tratando de maximizar su bienestar o utilidad.

La economía de escasez también implica la necesidad de priorizar y tomar decisiones sobre qué necesidades y deseos se satisfacen y cuáles se quedan sin atender. Esto puede generar tensiones y conflictos en la sociedad, así como la necesidad de establecer políticas públicas y mecanismos de regulación para garantizar una asignación justa y eficiente de los recursos.

En este libro, exploraremos en profundidad el concepto de economía de escasez, analizaremos las implicaciones y desafíos que presenta, y examinaremos teorías y modelos económicos que buscan abordar y resolver estos problemas. También consideraremos enfoques alternativos y críticas a la economía de escasez, como la economía basada en recursos, que cuestiona la premisa de la escasez y propone una reorganización radical de la sociedad y la economía.

Comprender la economía de escasez nos permitirá apreciar las complejidades y limitaciones inherentes a la asignación de recursos en un contexto de necesidades y deseos ilimitados. También nos invitará a reflexionar sobre posibles soluciones y enfoques para lograr una distribución más equitativa y sostenible de los recursos en nuestras sociedades.

42.

Política económica

Las decisiones y acciones del gobierno para influir en la economía

La política económica se refiere al conjunto de decisiones y acciones tomadas por el gobierno de un país para influir en la actividad económica y lograr ciertos objetivos. Estas políticas buscan promover el crecimiento económico, mantener la estabilidad, fomentar el empleo, controlar la inflación y mejorar el bienestar general de la sociedad.

La política económica puede abarcar una amplia gama de áreas y herramientas, y puede dividirse en dos categorías principales: política fiscal y política monetaria.

La política fiscal se centra en el uso del gasto público y los impuestos para influir en la economía. El gobierno puede aumentar o reducir el gasto en programas y proyectos, así como ajustar los impuestos para estimular o desacelerar la actividad económica. Por ejemplo, durante una recesión, el gobierno puede implementar políticas fiscales expansivas, aumentando el gasto público y reduciendo impuestos para estimular la demanda agregada y el crecimiento económico.

La política monetaria, por otro lado, se refiere al control de la oferta de dinero y las tasas de interés por parte del banco central. A través de la política monetaria, el banco central puede influir en las tasas de interés para controlar la inflación, regular la liquidez en el sistema financiero y estimular o desacelerar el crecimiento económico. Por ejemplo, el banco central puede aumentar las tasas de interés para frenar la inflación o reducirlas para fomentar la inversión y el consumo.

Además de la política fiscal y monetaria, existen otras políticas económicas, como la política comercial, la política laboral y la política industrial, que también pueden utilizarse para influir en la economía. Estas políticas pueden incluir la implementación de aranceles y barreras comerciales, la regulación de las relaciones laborales, la promoción de la inversión en sectores estratégicos y el fomento de la innovación y la competitividad.

Es importante destacar que las políticas económicas son herramientas poderosas, pero también conllevan desafíos y trade-offs. Las decisiones de política económica deben equilibrar diferentes objetivos y considerar las condiciones y necesidades específicas de cada país. Además, la efectividad de las políticas puede variar en función de diversos factores, como la estructura económica, la estabilidad política y los eventos internacionales.

En este libro, exploraremos en detalle los diferentes enfoques y herramientas de la política económica, analizaremos sus impactos y limitaciones, y examinaremos casos de estudio de políticas económicas implementadas en diferentes contextos. Comprender la política económica nos permitirá apreciar su importancia en la configuración de la actividad económica y sus repercusiones en la sociedad en general.

43.

Costos fijos y variables

Los gastos que no varían con el nivel de producción y los que sí lo hacen

En el ámbito de la economía, los costos fijos y variables son dos categorías distintas de gastos que las empresas enfrentan en su proceso de producción. Comprender la diferencia entre estos dos tipos de costos es esencial para la toma de decisiones empresariales y el análisis de la rentabilidad.

Los costos fijos son aquellos gastos que no varían con el nivel de producción de la empresa a corto plazo. Estos costos existen independientemente de si la empresa produce poco o mucho. Algunos ejemplos de costos fijos incluyen el alquiler de instalaciones, los salarios de los empleados administrativos, los costos de seguro y los gastos de depreciación de activos fijos. Incluso si la producción de la empresa se reduce a cero, los costos fijos aún deben pagarse.

Por otro lado, los costos variables son aquellos que sí varían directamente con el nivel de producción de la empresa. Estos costos están asociados con la adquisición de insumos y recursos necesarios para producir bienes o servicios. A medida que aumenta la producción, los costos variables también aumentan proporcionalmente. Algunos ejemplos de costos variables son el costo de la materia prima, los salarios de los trabajadores de producción, los gastos de energía y los costos de envío.

La distinción entre costos fijos y variables es importante porque afecta el comportamiento de los costos totales de una empresa y su relación con los niveles de producción. Los costos fijos se distribuyen en un menor número de unidades a medida que se aumenta la producción, lo que lleva a una disminución del costo fijo por unidad. Por otro lado, los costos variables se incrementan en función de la producción, lo que puede afectar el costo variable por unidad.

La comprensión de los costos fijos y variables es crucial para la toma de decisiones empresariales. Por ejemplo, al determinar el punto de equilibrio de una empresa, es necesario conocer los costos fijos y variables para calcular el nivel de producción necesario para cubrir todos los gastos y alcanzar la rentabilidad. Además, la gestión eficiente de los costos fijos y variables puede ayudar a optimizar la estructura de costos de una empresa y mejorar su competitividad en el mercado.

En este libro, exploraremos en detalle los conceptos de costos fijos y variables, analizaremos cómo se calculan y cómo impactan en la rentabilidad de las empresas. También consideraremos estrategias para gestionar y controlar estos costos, así como la importancia de considerarlos en la toma de decisiones financieras y de producción. Comprender los costos fijos y variables nos permitirá evaluar y mejorar la eficiencia económica de las empresas en diversos sectores y contextos.

44.

Elasticidad cruzada de la demanda

La sensibilidad de la demanda de un bien ante cambios en el precio de otro bien

En el campo de la economía, la elasticidad cruzada de la demanda es una medida que nos permite entender cómo cambia la demanda de un bien en respuesta a cambios en el precio de otro bien. Esta medida es útil para comprender las relaciones y las interacciones entre diferentes productos o servicios en el mercado.

La elasticidad cruzada de la demanda se calcula como el porcentaje de cambio en la cantidad demandada de un bien dividido por el porcentaje de cambio en el precio de otro bien. Si el resultado de este cálculo es positivo, indica que los dos bienes son bienes sustitutos, lo que significa que un aumento en el precio de un bien lleva a un aumento en la demanda del otro bien. Por otro lado, si el resultado es negativo, indica que los dos bienes son bienes complementarios, lo que implica que un aumento en el precio de un bien lleva a una disminución en la demanda del otro bien.

La elasticidad cruzada de la demanda puede tener diferentes magnitudes, lo que nos indica el grado de sensibilidad de la demanda de un bien ante cambios en el precio de otro bien. Si la elasticidad cruzada de la demanda es alta, significa que la demanda es muy sensible a los cambios de precio del otro bien, lo que indica una relación sustitutiva o complementaria fuerte. Por otro lado, si la elasticidad cruzada de la demanda es baja, significa que la demanda es menos sensible a los cambios de precio del otro bien, lo que indica una relación sustitutiva o complementaria débil.

La comprensión de la elasticidad cruzada de la demanda es esencial para las empresas y los formuladores de políticas, ya que les permite anticipar y analizar el impacto de los cambios en los precios de los bienes relacionados en el comportamiento de la demanda. Por ejemplo, una empresa que produce bienes sustitutos puede utilizar la elasticidad cruzada de la demanda para ajustar su estrategia de precios y maximizar sus ganancias. Del mismo modo, los formuladores de políticas pueden utilizar esta medida para evaluar el impacto de políticas de precios o impuestos en diferentes industrias.

En este libro, exploraremos en detalle el concepto de elasticidad cruzada de la demanda, su importancia en el análisis económico y cómo se calcula. También analizaremos ejemplos concretos de bienes sustitutos y complementarios, así como las implicaciones que la elasticidad cruzada de la demanda tiene en la toma de decisiones empresariales y políticas. Comprender la elasticidad cruzada de la demanda nos permitirá tener una visión más completa y precisa de cómo los precios de los bienes interactúan y afectan el comportamiento de la demanda en el mercado.

45.

Depreciación

La disminución del valor de un activo a lo largo del tiempo

En el ámbito económico y contable, la depreciación se refiere a la disminución del valor de un activo tangible a lo largo del tiempo debido a su desgaste, obsolescencia u otros factores. Es un concepto fundamental en el análisis financiero y en la determinación de los costos de los activos a lo largo de su vida útil.

La depreciación se aplica principalmente a activos físicos, como edificios, maquinaria, vehículos y equipos. Estos activos se utilizan en la producción y generan beneficios económicos a lo largo de varios años. Sin embargo, con el tiempo, su valor disminuye debido al desgaste por el uso, la obsolescencia tecnológica o la pérdida de eficiencia.

La depreciación se registra en los estados financieros de una empresa como un gasto y tiene un impacto directo en la determinación del resultado neto y el valor contable de los activos. Existen diferentes métodos para calcular la depreciación, como el método de línea recta, el método de unidades producidas y el método de saldo decreciente, cada uno de los cuales tiene sus propias características y aplicaciones.

La depreciación no solo es importante para la contabilidad y la presentación de informes financieros, sino que también tiene implicaciones fiscales. En muchos países, los gastos de depreciación pueden ser deducibles de impuestos, lo que permite a las empresas reducir su carga tributaria y mejorar su flujo de efectivo.

Es importante tener en cuenta que la depreciación es un proceso contable y no necesariamente refleja el valor de mercado actual de un activo. El valor de mercado puede estar influenciado por factores externos, como cambios en la demanda, la oferta y la tecnología. Por lo tanto, es posible que un activo se deprecie contablemente, pero su valor de mercado real sea diferente.

En este libro, exploraremos en detalle el concepto de depreciación, los métodos utilizados para calcularla y su impacto en los estados financieros de una empresa. También analizaremos cómo la depreciación afecta la toma de decisiones empresariales, la planificación de impuestos y la evaluación de la rentabilidad de los activos. Comprender la depreciación es esencial para una gestión financiera efectiva y una evaluación precisa de la salud financiera de una empresa.

Quiero aprovechar este espacio para expresar mi profundo agradecimiento a todas las personas que han hecho posible la realización de este libro. En primer lugar, quiero agradecer a mis familiares y amigos por su apoyo incondicional y por creer en mí desde el principio. Sus palabras de aliento y su confianza fueron un impulso fundamental para embarcarme en este proyecto.

También quiero agradecer a todos aquellos que me han inspirado y han contribuido a mi formación como economista. A los profesores y mentores que han compartido sus conocimientos y experiencias conmigo, les estoy enormemente agradecido. Su pasión por la economía y su dedicación en enseñarla han dejado una huella profunda en mí.

Este libro es mi primer paso en el mundo de la economía, y ha sido motivado por mi propia experiencia personal. Hubo un momento en mi vida en el que me sentí perdido, sin saber dónde encontrar la información básica que necesitaba para comprender los conceptos fundamentales de la economía. Fue entonces cuando surgió la idea de crear esta obra, con la esperanza de que pueda ser una guía útil para todas aquellas personas que se encuentren en una situación similar.

Mi deseo más sincero es que este libro pueda ayudar a los lectores a adentrarse en el fascinante mundo de la economía. Espero que encuentren en estas páginas las respuestas que buscan y que les inspiren a profundizar en este campo tan apasionante.

Una vez más, gracias a todos aquellos que han sido parte de este proyecto. Su apoyo y aliento han sido fundamentales en cada etapa de este proceso. Espero que este sea el primero de muchos libros en los que pueda seguir compartiendo mi pasión por la economía y contribuir al enriquecimiento del conocimiento en esta área.

¡Que este libro sea el inicio de un viaje de descubrimiento y aprendizaje para todos!